Gestión de Riesgo Comunicacional

Issues Management

Alejandro Ruiz Balza
Gustavo G. Coppola

Coppola, Gustavo
   Gestión de riesgo comunicacional : Issues Managenent / Gustavo Coppola ; Alejandro Ruiz Balza. - 1a ed ampliada. - Ciudad Autónoma de Buenos Aires : Ugerman Editor, 2018.
   Libro digital, DOCX - (Comunicación y cultura)

   1. Métodos de Planificación. 2. Comunicación Comercial. 3. Management. I. Ruiz Balza, Alejandro II. Título
   CDD 658.83

Diseño de tapa: DG. Pablo Ugerman - www.ugrdesign.com.ar
Armado y diseño interior: Lorena Blanco - lorenamsblanco@gmail.com
Corrección: María Luz Nesci - marialuznesci@gmail.com
Coordinación editorial: Mirtha Bareiro

© 2018, by UGERMAN EDITOR
Ituzaingó 1151 - PB. Oficina 8
(1272) Capital Federal
Buenos Aires - Argentina
Telefax (011) 4362.2107 / 4361.5236
www.ugermaneditor.com.ar
jcugerman@yahoo.com.ar
info@ugermaneditor.com.ar
skype: ugermaneditor

Hecho el depósito que marca la ley 11.723

Reservados todos los derechos de la presente edición para todos los países. Este libro no se podrá reproducir total o parcialmente por ningún método gráfico, electrónico, mecánico o cualquier otro, incluyendo sistemas de fotocopia y duplicación, registro magnetofónico o de alimentación de datos, sin expreso consentimiento de la editorial.

IMPRESO EN ARGENTINA
PRINTED IN ARGENTINA

Índice

Prólogo 9

Introducción 13

CAPÍTULO 1: COMUNICACIÓN, GESTIÓN Y RIESGOS 19

Del *Issues Management* a la Gestión de Riesgo Comunicacional 19
¿Cómo se desarrolla un Tema Clave? 24
El papel de la Dirección de Riesgo Comunicacional 25

CAPÍTULO 2: ¿EL POR QUÉ Y PARA QUÉ DE LA GESTIÓN DE RIESGO COMUNICACIONAL? 31

Vincular la organización y la planificación comunicacional 32
Mejorar la Gestión de Riesgo Comunicacional 33
Enfocar, coordinar y maximizar los recursos 34

CAPÍTULO 3: EL PROCESO GENERAL PARA LA GESTIÓN DE RIESGO COMUNICACIONAL 37

Los seis pasos del proceso de la gestión de Riesgo Comunicacional 37
Primer paso: Identificación y clasificación de los Temas Clave 38
Paso dos: Valorar el tema 40
Paso tres: Fijar prioridades 41
Paso cuatro: Desarrollo de la posición 41
Paso cinco: Desarrollo y puesta en práctica de un plan de acción ... 42
Paso seis: Trayectoria y monitoreo de los Temas Clave 43
La continua recursividad de los Temas Clave 43
Un consejo práctico 44

CAPÍTULO 4: EL COMITÉ DE RIESGO COMUNICACIONAL 45

El Comité de Riesgo Comunicacional: visiones y experiencias 45
Alternativas para la organización del Comité 46

¡Manos a la obra! 48
Establecer los lineamientos para el Comité de Riesgo Comunicacional 50

CAPÍTULO 5: IDENTIFICACIÓN Y CLASIFICACIÓN DE TEMAS CLAVE 53

Identificación de los Temas Clave 53
Estadios de los Temas Clave 54
Identificar los Temas Clave latentes... 57
Identificar los Temas Clave emergentes... 58
Técnicas e instrumentos de identificación 59

CAPÍTULO 6: VALORANDO Y FIJANDO PRIORIDADES 71

Evaluación de los Temas Clave 71
Manejar los Temas Clave por orden de prioridad....................................... 72
Asignar responsabilidad 72

CAPÍTULO 7: DESARROLLAR UNA POSICIÓN FRENTE A UN FACTOR DE RIESGO 75

Desarrollar la Posición de la organización 75
La declaración de un Factor de Riesgo 76
Beneficios de la declaración pública frente al factor de riesgo identificado 77
Ejemplo de la declaración pública frente al factor de riesgo identificado ... 77
Un documento viviente 78

CAPÍTULO 8: DESARROLLAR E IMPLEMENTAR PLANES DE ACCIÓN 81

El Plan de Acción: organizar la respuesta.. 81
Designar al responsable del Factor de Riesgo 82
El equipo de Gestión de Riesgo 82
Construir la agenda para una reunión de planificación.............................. 83
La postura frente al factor de riesgo y la respuesta.................................... 86
Preguntas clave para determinar las respuestas 87
Identificación y clasificación de *stakeholders*.. 88
Definición de objetivos 90
Selección de estrategia 90
Pasos de acción 92
Medición 92
Cronograma, responsabilidades y presupuesto.. 93

CAPÍTULO 9: ANÁLISIS Y PROCESAMIENTO DE INFORMACIÓN CLAVE 95

Análisis de noticias e información 95
Opinión Pública 96
Observación de los medios de comunicación 97
Monitorear sitios web, blogs y redes sociales 99
Observación legislativa 101
Informar sobre la información 101
Introducir información de respaldo en los procesos de Gestión de Riesgo Comunicacional 102

CAPÍTULO 10: CONSEJOS PARA UNA GESTIÓN DE RIESGO EXITOSA 103

El porqué de la GRC 103
Conserve la simpleza 103
Concéntrese en los Temas Clave con relevancia e impacto para la organización 105
Utilice un comité o equipo de Gestión de Riesgo multifuncional 106
Identifique a un patrocinador en la Alta Dirección 106
La Gestión de Riesgo Comunicacional como parte esencial de la estrategia y la planificación comunicacional 107

ANEXO 109

Bibliografía 115

Prólogo

Una vez alguien dijo que la actividad de todo presidente de empresa se debate entre el hacer crecer la compañía por un lado y controlar los riesgos que ésta asume por el otro. De hecho existen dos perfiles marcados de CEO, aquellos que asumen más riesgos para impulsar el crecimiento y los otros —los *crisis managers*— cuya misión es la opuesta: eliminar riesgos y recuperar la situación financiera de la empresa, reestructurándola para bajar gastos y deudas, para sanearla y volver a tomar el control de la situación.

En todos los casos el manejo de riesgos es una de las funciones principales del CEO. Ya se trate de riesgos financieros, operativos, de calidad, de *portfolio* o reputacionales, las consecuencias llevadas a su extremo son las mismas y todas empiezan con "c" de crisis.

El *management* es gestión y la gestión de riesgos es una misión fundamental de todas las gerencias y eso incluye sin dudas al Dircom. Él es quien vela por la reputación corporativa y quien monitorea lo que sucede "allí afuera", en el vasto océano de la opinión pública. Su misión es la de evaluar aquellos emergentes sociales que podrían potencialmente poner en riesgo la reputación de la empresa o la de su presidente. En este contexto su labor consiste en analizar la actualidad del comportamiento social para determinar los escenarios futuros y las tendencias que se vislumbran, con la finalidad de diseñar y llevar a la práctica estrategias que neutralicen los posibles efectos negativos de esas tendencias, sobre la empresa y sus negocios.

Se trata de una tarea amplia que requiere ser gestionada en forma sistematizada, tanto en su análisis como en su seguimiento. Su nombre: "gestión de temas críticos", una traducción de *issues management*, o, como la llaman los autores, "gestión del riesgo comunicacional".

El trabajo de Gustavo Coppola y Alejandro Ruiz Balza, dos estudiosos de la comunicación organizacional, describe en detalle y paso a paso cómo se realiza esta gestión. Desde la identificación de los temas potencialmente críticos para la empresa hasta el plan de acción para dar respuesta al emergente. Un manual indispensable no solo para el Dircom sino para todo el *management* que frecuentemente no es consciente de los riesgos que se asumen frente a la opinión publica al tomar una decisión de negocios (piense tan solo en aquellas campañas de publicidad que han herido los sentimientos de minorías étnicas, religiosas o sexuales; en la repercusión de las respuestas públicas de los grupos que se sintieron afectados y su efecto sobre la imagen del anunciante).

Nuestra actualidad está marcada por tendencias irreversibles que determinan en gran medida la marcha de los negocios hoy en día. La transmisión de la información en tiempo real por la Internet, redes sociales mediante; la creación de entidades del tercer sector cada vez más profesionalizadas y la presión de ambas sobre quienes deben tomar decisiones en el ámbito político, legislativo y regulatorio, son solo tres ejemplos de tendencias que ponen a las empresas en situación de riesgo potencial.

En la web 2.0 son los consumidores y no las empresas quienes controlan lo que allí se dice, y lo que dicen frecuentemente no es del agrado de las empresas. Allí, en donde los clientes satisfechos recomiendan en promedio una marca a tres amigos, mientras que los enojados se comunican con 3000 para criticarla, una red donde millones de personas, ciudadanos o consumidores debaten sobre lo que les preocupa o viene en mente, animados por la pasión y sus intereses, formando —mediante *links* que los entrelazan— comunidades con sus propios directores de orquesta y líderes de opinión; que pueden girar alrededor de temas como la alta tecnología, las finanzas, la política o la ética de los negocios, constantemente pueden surgir de la nada, como por arte de magia, situaciones que ponen en peligro el buen nombre de cualquier organización. Los casos de Dell, Kryptonite, Taco Bell, Domino's Pizza, Toyota y localmente los de Agua Dassani, McDonald's y la minera Meridian Gold constituyen ejemplos a tener muy, muy seriamente en cuenta.

Por todo ello, en este mundo de la instantaneidad, donde las percepciones son más importantes que la realidad fáctica, donde es crucial interpretar las señales tempranas de alerta y diseñar respuestas apropiadas a alta velocidad, el trabajo de Coppola y Ruiz Balza llena un hueco con conocimiento indispensable para la gestión de riesgos de cualquier tipo de organización. "Gestión del Riesgo Comunicacional" se trata sin dudas de una obra de consulta que merece la atención de los profesionales de la comunicación y el *management*.

Michael Ritter

Introducción

Hoy en día toda organización debe navegar en un turbulento, rápido y altamente competitivo cambio de escenarios. Por ello las compañías exitosas frecuentemente observan con atención el horizonte en busca de amenazas y oportunidades. De este modo pueden iniciar acciones para evitar inconvenientes en el camino o, alternativamente, encontrar caminos rápidos hacia sus objetivos, con la seguridad de que cada pronóstico realizado es la base de una estrategia o una planificación.

En la actualidad, el modo en que percibimos y el modo en que expresamos este proceso de anticipación se convirtió en el ingrediente fundamental para la toma de decisiones y en un componente clave en el desarrollo estratégico de la comunicación.

Para la consultora en comunicación corporativa Graciela Adán[1], muchas organizaciones operan sobre la base del mantenimiento, lo que significa que continúan haciendo lo que siempre hicieron: si surge un problema se resuelve y se sigue adelante. Antes esto alcanzaba, hoy ya no es suficiente.

Vivimos en una sociedad donde el cambio es constante, y en la que el riesgo se volvió inminente en forma permanente. Paul Valéry[2] afirmaba: "El problema de nuestros tiempos es que el futuro ya no es lo que era (...) Las empresas deben incorporar una nueva política, una política preventiva, que pueda hacer frente a cualquier eventualidad".

En este contexto, el presente libro nos propone diferentes ejes metodológicos que facilitan la aplicación y adaptación de la Gestión de Riesgo Comunicacional a un mercado en el que las organizaciones requieren

---

1   Adán, Graciela (2008), "Issues Managemet: una herramienta para el futuro", en *Apuntes del DIRCOM*, Revista Dircom.
2   Ambroisse-Paul Toussaint Jules Valéry (1871-1945): escritor y ensayista francés.

de una gestión comunicacional acorde a los múltiples factores de riesgo económicos, sociales, políticos, industriales, culturales, ambientales, etc. propios de las sociedades contemporáneas.

TRADUTTORE, TRADITORE...

Tal y como afirmara Cervantes: "Y lo mesmo harán todos aquellos que los libros de verso quisieren volver en otra lengua: que, por mucho cuidado que pongan y habilidad que muestren, jamás llegarán al punto que ellos tienen en su primer nacimiento", la traducción es siempre una tarea compleja que conlleva mucho más que transferir palabras de un idioma a otro, se trata de un proceso que involucra, al mismo tiempo, tareas de investigación y comprensión, tanto del idioma original como del tema que se está trabajando.

La definición en español del término *Issues Management* provoca el mismo problema que otros conceptos usados en comunicación empresarial, ya sean los que se traducen del inglés al español o los que definen una función o tarea.

Hay que tener en cuenta que existen palabras que, trasladadas a otro idioma, contienen múltiples significados. Como consecuencia, en la traducción, al elegir determinada palabra puede incurrirse en el error no intencional de interrumpir esa polisemia que aporta una interpretación expresivamente rica.

En este sentido, el término *Issues* genera un problema de traducción. Al acercarnos a cualquier diccionario, el término se refiere tanto a "un tema, punto o materia de discusión, debate o disputa" como a "aquello que se hace público". Así, el significado en español de la expresión *Issues Management* arroja como resultados posibles: "gestión de asuntos en debate", "administración de asuntos en discusión", "*Management* de temas en disputa" etcétera.

Esta cuestión acarrea complicaciones para arribar a una definición clara y sencilla que permita establecer conceptos de acción: ¿qué asuntos se gestionan o administran?; ¿entre quiénes se produce la disputa, el debate o la discusión?; ¿debate, discusión o disputa? Los asuntos en disputa, ¿son críticos o riesgosos?

A su turno, algunos autores españoles como Jordi Xifra Triadú[3] tradujeron el concepto como "gestión de asuntos críticos o potencialmente críticos". Si bien es un aporte valioso, consideramos que las palabras "crítico",

---

3 Xifra Triadú, Jordi (2005), "El Issues Management como estrategia de relaciones públicas", en *Organicom*, año 2, N° 2, 1° semestre.

o bien, "conflictivo" le agregan un dramatismo inoportuno y lo colocan en el área de la gestión de crisis, que a nuestro entender poco tiene que ver con el *Issues Management* o Gestión de Riesgo Comunicacional. Si deseáramos establecer una correlación con la gestión de crisis, podríamos decir que solo actúa como previsor.

Si el asunto quedara entre comunicadores, tal vez no hubiese necesidad de aportar una definición excluyente del término, todos sabrían de qué estamos hablando. Pero como este tema particular abarca todas las áreas de las compañías, y es de especial importancia para la alta dirección, creemos necesario acercar posiciones sobre su significado con el fin de orientar la función con la acción. Esto reviste importancia si tenemos en cuenta que el concepto "comunicación corporativa o empresarial" ya ha pasado por este trance y, debido a ello, se dispersó. Estos motivos nos llevaron a traducir *Issues Management* como Gestión de Riesgo Comunicacional (GRC). Y la palabra Issues, tratando de mantener su variedad de significados, como Tema Clave (TC), Asunto Público (AP) o Factor de Riesgo (FR).

Riesgo Comunicacional puede resultar controvertido. El vocablo "riesgo" no significa crisis, sino aquello con posibilidad de hacer daño. En este sentido hay que hacer algunas consideraciones, ya que no es lo mismo conceptualizar la gestión del riesgo corporativo orientado a lo económico, financiero, de seguros, o salud, que la gestión de riesgo en comunicación. La matriz que determinará los riesgos será diferente.

La gestión de riesgos corporativos se ocupa de los riesgos y oportunidades que afectan a la creación de valor o su preservación. Se define de la siguiente manera: "es un proceso efectuado por el consejo de administración de una entidad, su dirección y restante personal, aplicable a la definición de estrategias en toda la empresa y diseñado para identificar eventos potenciales que puedan afectar a la organización y proporcionar una seguridad razonable sobre el logro de los objetivos".

La Gestión de Riesgo Comunicacional es el resultado de la participación institucional de una organización, grupo o individuo en la sociedad al estar en interrelación con diferentes actores sociales. Esta práctica atraviesa todas las áreas de la compañía y, en este sentido, da origen a la interacción entre la gestión comunicacional y el *Management*. Aparece como una técnica orientada a identificar Factores de Riesgo que obstaculicen de alguna forma el hacer de la compañía, de modo que no pueda cumplir con su promesa empresarial, y dañen su reputación.

Existen Temas Clave que emergen en la realidad social, económica o política que pueden impactar en las organizaciones, y los comunicadores, directores y CEOs deben tener las herramientas para poder pronosticarlos y desarrollar acciones predeterminadas para mejorar la toma de decisiones.

De este modo, la observación del ambiente y la determinación de los problemas y las oportunidades, de acuerdo con su impacto, el establecimiento de las prioridades estratégicas y tácticas y la medición de los resultados son componentes de la Gestión de Riesgo Comunicacional, que permiten realizar planes eficientes y eficaces en pos de los resultados esperados.

Dada nuestra formación, somos partidarios de las observaciones teóricas que adhieren a las propuestas de imprevisibilidad e inestabilidad del contexto, donde los espacios de intervención se van redefiniendo con múltiples consecuencias y repercusiones de tipo económicas, sociales, políticas, financieras, tecnológicas y culturales.

Siguiendo a Nassim Nicholas Taleb[4] "el impacto de lo altamente improbable es probable". Por eso la dinámica de la realidad resulta inaprensible en su totalidad y solo podemos dar cuenta de una parte. Esta, aunque pequeña, nos prepara para lo que no percibimos.

Es cierto que hoy en día todo parece haberse convertido en un observatorio, hasta la vida cotidiana. Pero para una gestión eficiente y eficaz, es necesario que las organizaciones monitoreen e identifiquen asuntos públicos potencialmente riesgosos para ellas y, de esa forma, se preparen para desarrollar respuestas que puedan abordar el asunto en cuestión y evitar las crisis. Anticiparse es actuar a favor de la promesa de la empresa con el objeto de mantener su posicionamiento y reputación.

Entonces, para nosotros, la Gestión de Riesgo Comunicacional es la puerta que une el *Management* con la gestión de la comunicación o la Asociación de Directivos de Comunicación (Dircom). En este sentido, intentamos describir los beneficios de esta técnica comunicacional y la forma en que el comunicador se integra en este proceso posiciona su gestión y agrega valor al área. Para ello, debemos distanciar las teorías y prácticas de la comunicación empresarial de la gestión convencional y adoptar una posición adecuada.

Este libro refleja, además, la experiencia del comunicador como guía en la dirección y aplicación práctica de los Factores de Riesgo. Una especie de operador de campo. Con este fin, proponemos la articulación de una serie de técnicas y herramientas para que las organizaciones, grupos o individuos puedan formar equipos de profesionales que les ayuden a transitar y superar los problemas emergentes que, en este mundo lleno de incertidumbre, conspiran contra el rendimiento y el modo de hacer de una empresa.

---

4   Taleb, Nassim Nicholas (2007), *El cisne negro: el impacto de lo altamente improbable*, Paidós, Barcelona.

Los responsables de comunicación de las organizaciones, los Dircom, etc., que deseen conseguir resultados en este ambiente competitivo, comprenden que las prioridades de la organización dependen en gran medida de su trabajo. De esta forma se enlaza la estrategia con la planificación y la comunicación, que es la gestora de las percepciones y significaciones, es decir, de los vínculos.

Todos aquellos lectores apasionados por la previsión del futuro, la gestión del cambio y el pasaje de la teoría a la acción para mejorar la toma de decisiones relacionada con la calidad humana en sus organizaciones o con aquellas que se encuentren vinculados, sean bienvenidos a esta lectura. Esperamos que resulte de interés y beneficiosa para su desempeño profesional.

Capítulo 1
COMUNICACIÓN, GESTIÓN Y RIESGOS

Este capítulo recorre brevemente los supuestos detrás de la Gestión de Riesgo Comunicacional, realiza una descripción de los Temas Clave, su desarrollo en el tiempo y cómo conviene aplicarla en las organizaciones contemporáneas.

DEL *ISSUES MANAGEMENT* A LA GESTIÓN DE RIESGO COMUNICACIONAL

La gestión, el riesgo, la estrategia y la comunicación se presentan como indisociables. Son las patas de la misma mesa de decisiones que nacen con la visión de la organización y cuyo límite pretende mantener intacta su misión.

La estrategia como concepto madre ha mutado. Los cambios del entorno y los nuevos problemas plantearon nuevas exigencias a la teoría estratégica no contempladas por la teoría convencional. De allí surgió la necesidad de corregir las deficiencias de la teoría actual con propuestas que introdujeran la cooperación, la comunicación y otros valores generales además de los económicos.

Al principio, los problemas no resueltos se consideraron excepciones, pero, poco a poco, se hicieron más frecuentes y hubo que pensar otro modelo que abarcara los anteriores supuestos y también los nuevos.

Este nuevo paradigma en la teoría estratégica fue puesto en consideración en el año 1994 por Prahalad y Hamel mediante la publicación del artículo "Strategy as a Field of Study: Why Search for a New Paradigm". Luego, el anuncio del choque de civilizaciones, los atentados terroristas del 11 de septiembre de 2001 y su réplica del 11 de marzo de 2004, la guerra de Irak, los movimientos antiglobalización, los nuevos nacionalismos radicales, el multiculturalismo, los derechos de las minorías, las crisis corporativas (Enron, Anderssen, etc.), y muchas otras cuestiones críticas, ratificaron el revisionismo sobre el paradigma estratégico convencional.

El siglo XX, cuenta Rafael Alberto Pérez[1], de la mano de John Von Neumann, nos propuso una primera teoría científica de la estrategia de carácter general, que nos aporta un modelo lógico analítico desde el cual afrontar los problemas de la vida. A partir de ese momento la estrategia ha evolucionado e influido en otras disciplinas. Pero por su pretensión de exactitud matemática y su reorientación económica terminó secuestrada por las *Business School*. Hablar de estrategia en los años noventa era sinónimo de hablar de *Management*. Así se la terminó limitando al aspecto matricial y economicista, poco práctico para los desafíos del nuevo siglo.

> *La nueva teoría estratégica aboga por la acción cotidiana, pero reformulada desde la comunicación y sin miedo hacia la complejidad del ser humano y sus procesos electivos. Por un lado, se propone introducir la cooperación, la comunicación y otros valores generales, además de los económicos. Por otro lado, se pretende extender al ámbito social la nueva comprensión de la vida y del ser humano que surgió de la sistémica, de la teoría de la complejidad y, en general, de la revolución científica del siglo XX.*

Ahora bien, todo modelo estratégico tiene la limitación de ser una abstracción, y esto repercute en la gestión. Sin embargo, la Gestión de Riesgo Comunicacional no se erige como un simple desarrollo de acciones de observación y gestión de datos, para mantener el equilibrio y continuar con lo que ya se estaba haciendo, sino que constituye una gestión integral y profunda de información clave en temas sociales, económicos y políticos, vinculados mediante la comunicación, y produce cambios perceptuales en el conjunto de estrategias de negocios de la organización, entre ellas también las de comunicación.

La Gestión de Riesgo Comunicacional como herramienta de anticipación proporciona una mirada y una significación sobre el entorno que crearán la realidad en la que organización cree.

Como afirma Marcelo Manucci[2], "Necesitamos hacer frente a un desafío doble: el global, relacionado con la dinámica de un contexto de alta inestabilidad plagado de acontecimientos inéditos y, por otro, un desafío personal, relacionado con los modos de abordaje de la inestabilidad para avanzar sobre

---

1 Pérez, Rafael Alberto (2001), *Estrategias de comunicación*, Ariel, Madrid.
2 Manucci, Marcelo, "Competitividad en la incertidumbre", en Revista *Mercado*, [en línea]: http://www.mercado.com.ar/notas/359777, [23/02/2009].

un paisaje desconocido". Para poder diseñar oportunidades, las compañías y sus líderes necesitan una visión diferente, personas entrenadas para gestionar en períodos de incertidumbre y herramientas para afrontarlos.

En torno a la conformación del futuro, pugnan constantemente diversas fuerzas y voluntades: una sociedad cada vez más informada y exigente, las políticas públicas, los avances tecnológicos, la moda, las corrientes sociales, la cultura y las creencias. Los contextos en los que se desarrollan las organizaciones tienen un funcionamiento y, además, evolucionan. Esto evidencia que existen situaciones impredecibles, que no dependen directamente de nuestras acciones. Todos estos factores reclaman un proyecto de prevención y prudencia, en otras palabras, una acción de la Gestión de Riesgo Comunicacional.

En este sentido, el rol del Dircom, como director de las estrategias de gestión en comunicación, es fundamental. A pesar de que el perfil de este nuevo sujeto profesional no es tenido en cuenta, el Dircom aporta un talento diferente, su perspectiva de acción es integral: global, holística y sistémica. Asimismo, el Dircom[3] es el gestor de las percepciones de la compañía mediante la gestión de la marca, la reputación y la responsabilidad empresarial.

Entonces, ¿qué es la Gestión de Riesgo Comunicacional?

El pionero de esta técnica fue W. Howard Chase[4], quien la definió como la "brecha" entre el rendimiento de una organización y las expectativas de sus *stakeholders*[5]. Pero es algo más que eso: es un proceso que identifica Temas Clave, tendencias y actitudes del entorno, que pueden afectar a la organización para bien o para mal, para luego poder desarrollar estrategias y tácticas de acción, incluidos programas de comunicación.

La Gestión de Riesgo Comunicacional es una técnica que orienta la estrategia organizacional hacia la propuesta empresarial[6]. Su desarrollo comienza en los límites de la visión de la empresa y su gestión permite articular el mapa empresarial con la realidad dinámica y compleja del entorno.

La realidad empresarial es una construcción colectiva, fruto de una negociación sobre los atributos identitarios fuertes, desde donde emerge el

---

3   Costa, Joan (2009). *El Dircom, hoy: dirección y gestión de la comunicación en la nueva economía*, CPC, Barcelona.
4   La expresión anglosajona *Issues Management* fue acuñada por W. Howard Chase el 15 de abril de 1976, fecha de publicación del vol. 1, N° 1, del boletín por él dirigido *Corporate Issues and Their Management*.
5   *Stakeholders* es un concepto difícil de traducir. Encierra a muchos públicos transversalmente. Son aquellas personas o grupos con un interés particular en algún asunto específico de la empresa, por esa razón su traducción y definición es difícil.
6   Marcelo Manucci (2006), *La estrategia de los cuatro círculos*, Norma, España.

diseño de lo cotidiano de las organizaciones. La realidad empresarial solo puede percibirse a partir de mensajes emitidos por la empresa. Estos mensajes se canalizan a través de todos los actos que la compañía desarrolla.

La realidad dinámica del contexto es el lugar (el afuera de la organización que genera constantes tensiones con la realidad empresarial), donde aparecen asuntos imprevistos que cambian la realidad empresarial e impactan en la operatividad de la organización. Estos emergentes pueden actuar como retroalimentación positiva o negativa en los planes estratégicos[7].

La propuesta empresarial es lo que la organización ofrece a sus vínculos. Según Marcelo Manucci, solo es posible ofrecerla como un campo de significaciones que opera sobre los deseos y expectativas de los *stakeholders y shareholders*. En esta dimensión la propuesta se resume en la promesa de la marca.

La promesa de la marca, en su dimensión significante, encierra las expectativas corporativas de los productos y servicios en el espacio de interacción social. En este sentido, la marca expresa deseos realizables de los públicos de una compañía, porque aquella es la única referencia que estos tienen de esa empresa, muéstrese ella como producto, servicio o actor social.

Entonces, entre la realidad empresarial y la realidad dinámica del contexto, aparece la Gestión de Riesgo Comunicacional como una técnica que sostiene la gestión estratégica de una compañía, donde el soporte visual de variación es la promesa de la marca. En este sentido, la observación y gestión de Temas Clave se vuelven imperiosas en el contexto mencionado. Pero solo son posibles si existe un paso anterior, y es la definición de una matriz de administración de datos que ordene la gran cantidad de información que circula por el entorno, seduciendo, encandilando, desordenando, impactando, entre otras cuestiones a los públicos, *stakeholders* y a la organización.

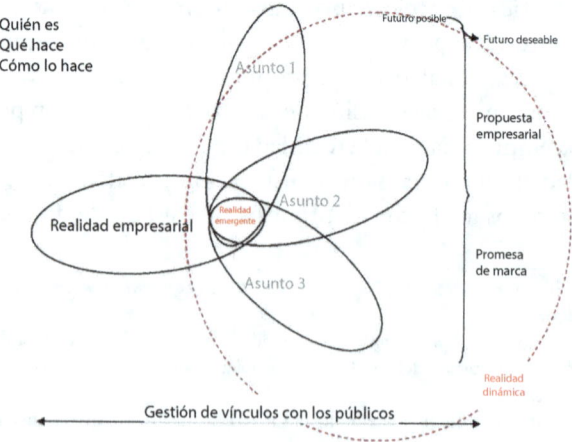

---

7   Idem 3.

Ahora bien, si un Tema Clave se define convencionalmente como un problema o cuestión para ser discutido o decidido, la discusión de este implica múltiples puntos de vistas y también un debate entre la dirección general, diferentes áreas de la compañía y profesionales. No depende de un solo hombre o área.

Los Temas Clave pueden ser catalogados por niveles de prioridades donde los riesgos varían según distintos factores, a saber: la organización, la industria, los objetivos, y los tipos de productos y/o servicios que generan las compañías. Pero un Tema Clave solo puede ser establecido sobre dimensiones antes planteadas por la compañía en relación a su misión, su visión y su discurso corporativo.

Siguiendo este orden algunos Temas Clave pueden ser:

> **Agronegocios:** comercio internacional, los químicos/pesticidas, el agua, la salud.

> **Productos del consumidor:** embalaje, la producción sostenible y el consumo.

> **Energía:** desregulación de las utilidades eléctricas, los patrones de calidad del aire, el cambio climático, inocuidad de gasoductos, los accidentes.

> **Atención sanitaria:** pruebas de animales, la reforma de la atención sanitaria, la investigación biomédica, fijación de precios farmacéuticos.

> **Telecomunicaciones:** infraestructura de telecomunicaciones, consumo privado, internet.

Los Temas Clave se interrelacionan entre sí. Las prioridades de estos pueden superponerse, cambiar o desaparecer. Para las empresas multinacionales la complejidad se expande a sus filiales. El hilo común que sostiene a un Tema Clave a nivel mundial, son las implicancias para la estrategia general de la compañía y la comunicación global de la organización en relación a su imagen y reputación, ya que hoy este aspecto ha dejado de tener fronteras. Este punto integra dos temas de importancia: el impacto de las comunicaciones globales y la gestión local de estas.

Un Tema Clave puede aparecer en relación a la compañía, en relación a un producto o servicio, a un proveedor, entre otros públicos. Por ello, un Tema Clave tiene, en primer lugar, referencia e implicancia a la Reputación, a la Marca y a la Responsabilidad Social de una compañía.

Trabajar sobre la anticipación de ningún modo es prospectiva, ya que el proceso de Gestión de Riesgo Comunicacional no necesariamente se sitúa en el futuro y a partir de allí actúa en el presente; sino que desde el presente recaba datos a partir de emergentes que considera peligrosos para el hacer de la organización a futuro. Luego, analiza mediante metodologías que incluyen la prospectiva —entre otras herramientas— y desarrolla planes de acción para preparar a la organización frente a esos potenciales riesgos emergentes.

¿CÓMO SE DESARROLLA UN TEMA CLAVE?

Un tema clave puede identificarse en cuatro pasos mínimos:

- Ideas, tendencias o procesos potenciales que todavía se mantienen en sectores especializados, sin haber alcanzado el dominio público, pero que constituyen un peligro potencialmente emergente; se denomina temas latentes. Los expertos pueden tener conciencia o no de estos Temas Clave.

- Cuando los Temas Clave pujan por adquirir dominio público, se los denomina emergentes. Si se legitiman y adquieren un soporte donde vehiculizarse, pasan al siguiente escalón que denominamos Factores de Riesgo.

- Los Temas Clave en curso, pueden ser perdurables o coyunturales, intensos o frágiles, pero cualquiera sea el pulso que estos tengan, ponen en función a los *stakeholders*, al gobierno y a las compañías. Una vez que el Tema Clave es considerado por todos los públicos mencionados, se considera un Asunto Público.

- Si el Tema Clave no es gestionado, deriva en una crisis para una organización o sector, y causa daño.

El futuro es incierto, y como dice Michel Godart[8] "no existen estadísticas sobre el futuro, por lo tanto, hay que recoger opiniones expertas".

Los observatorios o las Direcciones de Riesgo Comunicacional pueden visualizar un Tema Clave a tiempo y dar más opciones a una organización para gestionarlo de acuerdo a sus intenciones. El desarrollo acelerado de los eventos puede constituir oportunidades, desviar las amenazas posibles y desarrollar las recomendaciones que permita a la organización adaptarse

---

8 Godart, Michel (2000), *La caja de herramientas de la prospectiva Estratégica. Problemas y métodos*, Gerpa, Mission Prospective, Francia.

al cambio. Para una organización, la Gestión de Riesgo Comunicacional no es filantropía, sino una reflexión que pretende iluminar la acción y, particularmente, todo aquello que revista un carácter estratégico.

Para que una compañía gestione los factores de riesgo, no es necesario que tenga un área dedicada a ello, pero esto es sugerible, ya que para poder gestionar de forma profesional es sumamente necesario administrar la información a la que accede la organización. En este mundo donde las fuentes de información están fragmentadas, son caóticas y dispersas, donde los hechos se suceden de forma sucesiva y acelerada, se hace imprescindible la gestión profesional de la comunicación corporativa.

EL PAPEL DE LA DIRECCIÓN DE RIESGO COMUNICACIONAL

La Gestión de Riesgo Comunicacional debe tener el rango de Dirección dentro de las organizaciones si se pretende que sea posible accionar, teniendo en cuenta los estudios y reflexiones de los Temas Clave que se desprenden de análisis previos.

Las empresas norteamericanas en los años setenta implementaron esta práctica dentro de las compañías con rango estratégico, donde el área de Relaciones Públicas tenía fuerte influencia, aunque no fue sino hasta mediados de los años ochenta que esta práctica se popularizó. Eran tiempos de cambios y revolución dentro de los laboratorios de experimentación. El contexto general estaba caracterizado por el escepticismo hacia las instituciones públicas y privadas, intensificados por las regulaciones, especialmente en medio ambiente, y con un creciente aumento del escrutinio de la prensa de negocios sobre las empresas. En el contexto empresarial, el *management*, como concepto, se había unido a la estrategia y se posicionaba en la cima de una estructura triangular compuesta por la empresa, la competencia y los clientes. En otras palabras, el marketing se integraba a la alta dirección.

En ese espacio lleno de incertidumbre, frente a un futuro cada vez más conocido, profesionales de la comunicación y académicos creyeron poder ayudar a las empresas en particular, involucrándose más en los temas de debate público.

Estos profesionales trataron de identificar problemas y cuestiones que podían tener un impacto en las organizaciones en el largo plazo y, a su vez, desarrollar estrategias hacia los negocios utilizando la comunicación empresarial integrada como herramienta estratégica de gestión, siendo el *lobbying* una de las técnicas más usadas para ello. Las compañías vieron la oportunidad para ayudar en la formación de las políticas públicas en vez de quedarse a reaccionar frente a esas políticas una vez definidas.

Con el tiempo, numerosos profesionales en Gestión de Riesgo Comunicacional desarrollaron sistemas y procedimientos para estudiar tendencias, identificar eventos potenciales, definir Factores de Riesgo, y elaborar posiciones y respuestas; también definieron los papeles para los directores de Gestión de Riesgo Comunicacional.

Que haya sido la década de los años setenta la del inicio de la disciplina dentro del área de la comunicación y en los Estados Unidos no es una casualidad. Una serie de factores confluyeron para que fuera de este modo.

Por un lado, el contexto social signado por una serie de eventos críticos determinaba el cambio de rumbo de las políticas mundiales y una serie de catástrofes comenzaban a ser auditadas por los medios de comunicación y por grupos de presión constituidos en organizaciones sin fines de lucro. De este modo, las compañías, que debían prepararse para lo que se estaba gestando, incluyeron dichos análisis.

Para dar cuenta de ello nos remitimos al segundo informe del Club de Roma, escrito por Mesarovic y Pestel *La humanidad en la encrucijada,* donde comienza el prólogo con un párrafo que ilustra el sentir de la década: "Repentinamente —de la noche a la mañana si se midiera en escala histórica—, la humanidad se encuentra frente a una multitud de crisis sin precedentes: la crisis poblacional, la crisis ambiental, la crisis mundial de alimentos, la crisis de energía, la crisis de materias primas, mientras las viejas permanecen, extendiéndose sus efectos hacia cada rincón de la tierra, hasta que se convierten en crisis globales mundiales. Los intentos aislados de solución para cualquiera de ellas han resultado ser transitorios y a expensas de otras (...)".

Peter Drucker, por su lado, fue de los primeros en anticipar la "gran fractura histórica" de los años setenta (abandono del patrón oro, crisis petrolera, agotamiento del modelo de crecimiento industrial, "take off" de la computadora personal). En The Age of Discontinuity (1969) habló del surgimiento del "trabajador del conocimiento" y de su impacto en la economía y la sociedad.

El fin de un siglo, ofreció un cambio de paradigma que comenzó a difundirse por medio de ciertos intelectuales y sus libros futuribles, como Herman Kahn, la pareja Alvin y Heidi Toffler (con el primer libro, El choque del Futuro), Willis Harman y Oliver Markley (Changing Images of Man), Jay Forrester y la pareja Donella y Dennis Meadows (que escribieron el célebre relato Límites al Crecimiento), y los sociólogos heraldos de la "sociedad posindustrial", como Daniel Bell y Alain Touraine, entre algunos otros de relevancia.

Por otro lado, el desarrollo incipiente del marketing otorgaba base a la gestión de la percepción. Esta emergencia de la gestión del mercadeo surgió luego del renacimiento de las marcas (Marlboro, al final de los años cincuenta, se convirtió en un caso de estudio). El trabajo pionero de Theodore Levitt, llevó a la lenta comprensión de que invertir en esta área, era crear algo "inmaterial"en la mente de las personas que constituyen los mercados.

El otro pilar humano de esta disciplina fue Philip Kotler. A él le debemos conceptos como "segmentación", "posicionamiento" y definición de "target". Reforzó las convicciones de Levitt y brindo la posibilidad de integrar el marketing al *management*.

Pero el mayor empuje a esta técnica lo dio el área de comunicación corporativa.

La Gestión de Riesgo Comunicacional ayuda a la organización a prever los eventos que puedan afectar al negocio, anticipándose a tiempo para desarrollar una respuesta segura, o por lo menos amortiguar la inminente crisis. Sin embargo, hoy la Dirección de Riesgo Comunicacional, si bien es a menudo tomada en cuenta para planificar en las empresas, en la mayoría de las organizaciones, se focaliza en cuestiones inmediatas y relevantes para el negocio más que en explorar las tendencias políticas y económicas que podrían tener un impacto a cinco o diez años. Solo las compañías de rubros muy específicos y que son prioritarios para sus negocios, porque trabajan con ese rango de tiempo, hacen foco en el largo plazo; tales como las agroquímicas, las petroleras, las farmacéuticas y las alimenticias, entre otras pocas más, que basadas en lo producido por los departamentos de investigación y desarrollo, necesitan mirar al horizonte para saber si sus nuevos productos tendrán lugar en el nuevo mercado.

Uno de los problemas que enfrentan las áreas de comunicación abocadas a la gestión de Temas Clave, es la gestión de la información. Antes de la década de 1990 y el advenimiento de la internet, la gestión de la información no reportaba muchos problemas. La ubicación de las fuentes de información, eran específicas y fácilmente localizables, y los canales de distribución eran pocos y controlados. El siglo XXI cambió los paradigmas y dejó a la intemperie a los viejos especialistas.

La Dirección de Riesgo Comunicacional continúa trabajando sobre pocos y simples conceptos claves que son escenarios de aplicación de los análisis. El proceso de observación, gestión y establecimiento del mapa de públicos se ha complejizado por la diversidad de fuentes, canales y distribución de la información. El dato como modelo específico de información ha dejado de ser eficaz.

Para poder gestionar la información pertinente que circula por el contexto de una organización, es necesaria la creación de una matriz de administración de datos que dé cuenta de las necesidades particulares de la compañía; trabajo que lleva mucho tiempo por la dinámica de los cambios y la caótica emergencia de los riesgos potenciales.

Algunos de los conceptos con los que trabaja esta técnica son:

Los *stakeholder* son también definidos como grupos de presión: Joan Costa afirma que, con la irrupción en primer plano de los servicios y su cultura, de la calidad generalizada, de los recursos humanos como el soporte real de los servicios en las relaciones con el cliente, y del poder de los accionistas y líderes de opinión, emerge nítidamente la idea de "públicos de interés recíproco" en sus relaciones con la empresa: los *stakeholders*.

Este término identifica a: Empleados/Clientes/Inversionistas/Comunidades/Medios de comunicación/Lideres elegidos/Reguladores/Distribuidores/Proveedores/Asociaciones de consumidores y usuarios/Agentes bursátiles/Grupos de interés. Pueden cambiar o identificarse con más especificidad según la empresa, rubro y sector.

Esta noción que nació en defensa de los intereses de los accionistas ante las experiencias de fraudes, maquillajes de cuentas financieras, etc., se amplió cualitativamente a otros tipos de públicos, entre quienes la motivación económica y el temor a pérdidas se combinan con otras expectativas. Los *stakeholders* pretenden reputación.

La reputación, según Joan Costa, es una extensión del concepto de imagen pública, solo que no tanto en carácter de pública sino de confianza. Para Justo Villafañe es el prestigio consolidado a partir de la ética y la confianza a través del tiempo, establecida sobre la base del cumplimiento de los compromisos tomados. Esta reputación separa a los *stakeholders* del público en general. En otras palabras, en términos de públicos, los *stakeholders* serán estratégicos y vinculantes.

Tendencias

Una tendencia es la dirección hacia la cual se mueve una cosa o se comporta un agente o actor social: un activo, una percepción, una fuerza, un modelo social, etc. A partir de un conjunto de datos, recogidos durante un determinado período de tiempo y siguiendo su evolución, que es lo que da sentido al conjunto, se termina configurando una tendencia. Esta se puede representar por un diagrama de eventos, condiciones, actitudes y opiniones que dan forma a las expectativas, deseos o representaciones mentales de los *stakeholders*.

Las tendencias pueden dividirse en macro y micro. Las macro son las que configuran una serie de eventos en el largo plazo y suelen conceptualizar un periodo de tiempo. Mientras que las micro forman parte de esas macro tendencias, diferenciando pequeños campos de acción. En publicidad se denominan *Insight*.

Por otro lado, las tendencias pueden ser pasadas, presentes y futuras. El desarrollo de escenarios utiliza las pasadas y las presentes para desarrollar las futuras.

Algunos ejemplos de tendencias sociales pueden incluir:

- La privatización de las funciones previamente en manos de Gobiernos (los eventos).
- El incremento en la disparidad de ingresos entre segmentos ricos y pobres de la sociedad (condiciones).
- El crecimiento de la desconfianza pública en las grandes instituciones (las actitudes).

Estar al día y analizar tendencias es fundamental para identificar Temas Clave que pueden ser claramente visibles solo para unos pocos futuristas, académicos o expertos en política, pero que tengan potencial para impulsar un determinado factor de riesgo para la organización.

Política pública

La política pública es el consenso de las actitudes de los *stakeholders* hacia un asunto público particular. La actitud puede ser expresada en forma de leyes o regulaciones que gobiernan el comportamiento de organizaciones o personas individuales. Por ejemplo, las leyes de protección ambiental que emergieron como política pública de la discusión y debate sobre la contaminación industrial.

Muchos de los asuntos con los que los comunicadores deben lidiar, tienen implicancias de política pública. De hecho, La Gestión de Riesgo Comunicacional nace como acción para participar tempranamente en los asuntos legislativos y de regulación pública. Sin embargo, la Gestión de Riesgo ha transcendido ese espacio y se ha instado en otros planos.

De este modo, el comunicador ha encontrado el modo de buscar ideas y tendencias, para que pueda reflexionar sobre numerosas estrategias potenciales, tales como los cambios en el ambiente competitivo, las nuevas ideas de producto, los desafíos para la alta dirección, las prácticas, etc., que deberán ser introducidas en el proceso de planificación de la empresa.

Matriz de datos

Una matriz de documentación y datos (MDD) es un esquema que contiene documentos y/o transacciones realizadas en forma secuencial y sistemática, a fin de evaluar la consistencia y correspondencia de cada uno de ellos dentro del sistema de información creado para tal fin.

La consistencia se refiere al grado de lógica que justifica la presencia de cada uno de los campos, mientras que la correspondencia está relacionada con las razones que justifican su presencia en relación a lo que antecede y sucede a cada uno de los registros. De esta manera, la primera está referida a un análisis de tipo horizontal de los campos que componen cada registro, mientras que la segunda realiza un análisis de tipo vertical sobre los campos homogéneos que componen los registros anteriores y posteriores.

La matriz es usada en una primera etapa para crear un sistema de información. Si bien contar con una matriz adecuada no es suficiente para lograr calidad en el trabajo, la lógica de análisis del sistema de información da por supuesto que la identificación del dato y la entrada al sistema da por resultado el comienzo de una buena gestión de análisis de la información.

Los fines de esta matriz son:

- Facilitar el ingreso y egreso de información pertinente.
- Focalizar en las informaciones pertinentes para cada proceso de análisis.
- Confeccionar campos que contengan grupos de información con características similares.
- Confeccionar el recorrido de los datos a través de las transacciones.
- Estudiar los campos y datos de cada documento.
- Analizar periódicamente los procedimientos actuales, su vigencia y la factibilidad de su mejora.
- Vigilar la vigencia y continuidad del conjunto de las transacciones y de los campos de información.
- Facilitar el análisis y la comprensión de procesos y datos por parte del especialista.
- Permitir cualificar y cuantificar los resultados de las informaciones.

La matriz es el paso inicial para el análisis y la toma de decisiones sobre los procesos iniciados en la gestión de Temas Clave.

Capítulo 2
¿EL POR QUÉ Y PARA QUÉ DE LA GESTIÓN DE RIESGO COMUNICACIONAL?

El presente capítulo describe los beneficios de la utilización de la Gestión de Riesgo Comunicacional dentro de los procesos de planificación de la comunicación en las organizaciones como así también las posibilidades que brinda la incorporación de este enfoque al trabajo comunicacional cotidiano.

Los pioneros en Gestión de Riesgo Comunicacional visualizaron como una técnica que alineaba las prácticas comunicacionales con el proceso de diseño, gestión de estrategias y planificación de la organización. Vieron esto como una manera de que los comunicadores consiguieran altos niveles de autoridad e influencia al colaborar en sus organizaciones para dar forma a la agenda de políticas públicas, transformar sus propias organizaciones en situación de un cambio social o también identificar nuevas oportunidades de negocios surgidas de las tendencias.

Hoy en día, la Gestión de Riesgo Comunicacional no es concebida comúnmente como un departamento separado (ni desde el punto de vista funcional ni como título laboral) sino que desde los años ochenta se ha articulado dentro de la práctica comunicacional con el objetivo de que los Dircoms pensaran cada tema estratégicamente, sin importar lo pequeño que estos fueran.

Como el proceso comunicacional gradualmente se desarrolló a partir del concepto de un enfoque exhaustivo —un especialista profesional—; el *Issues Management* llegó a ser parte de las destrezas generales requeridas de todos los buenos Dircoms. Hoy en día se ha descentralizado tanto, que pasa a ser formado, practicado o apropiado por muchas personas en un grupo de comunicación, atravesando efectivamente a la organización entera.

Sharon Paul comenta que "en una operación de comunicación excelente, la destreza del *Issues Management* y la sensibilidad, deberían estar integradas con la práctica de los medios, del gobierno, de las relaciones internas y comunitarias, de la promoción de ventas y las comunicaciones de marketing". Enfatiza *en que* "todos los actores clave en estas áreas tienen que asumir más responsabilidades ahora, para pensar estratégicamente y comprender los *issues*"[1].

VINCULAR LA ORGANIZACIÓN Y LA PLANIFICACIÓN COMUNICACIONAL

La Gestión de Riesgo Comunicacional es esencial en la planificación de la comunicación, ya que favorece la alineación entre los objetivos organizacionales y las expectativas de sus *stakeholders,* al tiempo que vincula la planificación comunicacional con las metas organizacionales, fortaleciendo la promesa corporativa.

Las organizaciones prósperas tienen claras sus visiones y misiones. La visión y misión de una organización, lógicamente, delinean sus estrategias y objetivos organizacionales. Los planes de Comunicación Estratégica, en cambio, se guían y se sustentan en las metas de la organización —sensibilizar sobre un producto o servicio, reunir fondos adicionales de sus contribuyentes, mejorar la productividad o la calidad— cualquiera fuera el resultado final.

La Gestión de Riesgo Comunicacional vincula los procesos de planificación organizacional y de planificación comunicacional. De esta manera, permite identificar aquellas cuestiones que puedan tener un sustancial impacto en las habilidades organizacionales para hacer negocios y favorecer el desarrollo de respuestas a las mismas a través de la acción, la comunicación o una combinación de ambas.

Consideremos la cuestión de la privacidad, un tema que ha tomado vital importancia con la internet y los servicios que se brindan sobre esa plataforma. En una era de constante incremento del flujo de información electrónica donde pueden leerse las aptitudes, opiniones, decisiones de compra, capacidad crediticia e incluso la historia clínica de una persona, no debería sorprendernos que todo aquello que concierne a nuestra privacidad sea un tema de gran interés para muchos; un Tema Clave latente que puede emerger con velocidad y fuerza.

En la Argentina existe una legislación que protege la identidad de cada persona. A pesar de ello, los delitos que se comenten en torno a este asunto son graves y están en aumento a través de las nuevas tecnologías. No es de extrañar que las autoridades comiencen a presionar a las empresas en torno

---

1 Sharon, Paul (1997), *Desmitificar el Issues Management: De la Torre de Marfil a la Práctica Comunicacional Diaria*, IABC, Presentación para la Conferencia Internacional de IABC.

a sus bases de datos, exijan que se cumpla la legislación actual y desarrollen nuevas leyes a favor del público.

MEJORAR LA GESTIÓN DE RIESGO COMUNICACIONAL

La identificación de los Temas Clave puede jugar un rol inmejorable ayudando a las organizaciones a anticipar, abolir o prepararse para situaciones de crisis. Esto es gestionar el riesgo.

Una crisis es un evento que puede tener un impacto —inmediato o fuerte— sobre la reputación de una organización o su capacidad para hacer negocios.

Algunas crisis son producto de incidentes que, al no anticiparse, generalmente suceden sin demasiadas advertencias. Entre este tipo de incidentes podemos mencionar: los accidentes industriales, la falsificación de productos, los fracasos de equipo, las demandas judiciales, la retirada del mercado de determinados productos, etcétera.

Otras crisis son eventos que pueden cocinarse a fuego lento, durante meses o años, antes de que se produzca su estallido. La Gestión de Riesgo Comunicacional puede ayudar a las organizaciones a identificar esos problemas potenciales y afrontarlos antes de que alcancen el rango de crisis.

La planificación es útil a fin de prevenir conflictos y crisis. Las crisis no deben suceder si existe un buen sistema de planificación creado a tiempo. Esto no quiere decir que no exista riesgo alguno; pero el riesgo no es crisis. Tanto la gente como las empresas necesitan riesgos para poder crecer, para poder avanzar. Es parte de la vida de la empresa, parte de su gestión, de lo que realiza cada día. Por eso es imprescindible poder evaluar y pensar acciones que prevengan las consecuencias y sean capaces de manejar las diferentes situaciones posibles. Es importante saber manejarse en situaciones de riesgo y sacar provecho de las mismas.

Algunos ejemplos de problemas potenciales podrían ser:

- ▶ Cambios de actitudes de una comunidad hacia una planta industrial, alguna vez fue visto como fuente de empleo y crecimiento económico y ahora es considerado como generador de contaminación ambiental. La industria minera es un caso tipo de estos asuntos.

- ▶ Cambios en la política de salud pública sobre un producto en particular(como el tabaco y el alcohol) cuando se brinda información sobre sus efectos nocivos para la salud y se imponen restricciones a su comercialización.

- Cambios en las actitudes sociales frente algunos fenómenos: por ejemplo, el constante incremento de mujeres en el mercado laboral generó llamadas de atención y demandas judiciales por acoso sexual.

- Incrementos en los ingresos de los CEO a pesar de los mediocres rendimientos corporativos, lo que lleva al incremento de la presión de los accionistas e inversores (*shareholders*) para generar cambios en la conducción y, en última instancia, en la gestión de la compañía.

Como resultado de estas situaciones se pueden deducir algunas consecuencias como: activistas presionando para cerrar la planta, el incremento en las regulaciones o las prohibiciones sobre productos, proliferación de demandas judiciales o errores en la proporción de ingresos del CEO (estas pueden parecer inevitables). Sin embargo, analizando las tendencias y las actitudes de los *stakeholders* y previendo los resultados posibles, estos tipos de problemas pueden anticiparse y enfrentarse, o quizás, incluso, evitarse.

ENFOCAR, COORDINAR Y MAXIMIZAR LOS RECURSOS

La Gestión de Riesgo Comunicacional es una herramienta que facilita a los Dircoms enfocar, coordinar y maximizar recursos escasos, hallando grandes oportunidades para la organización.

Los Dircoms de hoy se enfrentan al desafío de tener que ser más productivos, más eficientes y más efectivos con menos recursos. Este desafío exige que se enfoquen en las áreas de mayor impacto en la salud, el bienestar y el crecimiento de la organización.

Es axiomático: los objetivos de los programas de comunicación soportan las metas de la organización. Por ejemplo, si uno de los objetivos de una organización sin fines de lucro es incrementar las contribuciones, el responsable de comunicación deberá desarrollar objetivos comunicacionales, estrategias y tácticas que sean más eficientes para la recaudación de fondos.

El proceso de Gestión de Riesgo Comunicacional enfoca a la organización y al comunicador en el abordaje de tendencias y cuestiones que pueden no ser parte del plan de la empresa, pero pueden tener un impacto significativo en sus capacidades organizacionales. Una eterna cuestión para las organizaciones sin fines de lucro se centra en cuántos recursos destinan al sostenimiento de la estructura administrativa y a las acciones de marketing versus cuánto en realidad destinan a sus programas. Todo es un evento disparador —como puede serlo un informe de un extravagante gasto personal del presidente de la compañía— para convertir un factor de riesgo potencial en una crisis. En estas situaciones, las organizaciones sin fines de lucro sufren la caída en las contribuciones, sus voluntarios se sienten desvalorizados y recurren a la justicia para que evalúe la transparencia en la administración y utilización de los fondos recaudados.

Identificar y priorizar los Temas Clave, facilita a los comunicadores enfocar sus actividades y recursos sobre áreas de alto impacto en la organización. El comunicador también puede tener un rol de coordinador facilitando el flujo de información de los asuntos públicos a quienes en la organización puedan ayudar a revisar el Tema, plantear respuestas posibles y, en última instancia, implementar una solución.

Finalmente, los Dircoms tienen las destrezas esenciales para resolver los Temas Clave. Ellos pueden impulsar el diseño de planes de acción que acorten las brechas entre la organización, sus *stakeholders* y las diferentes coaliciones, a veces opuestas en su punto de vista, en torno a la solución del asunto público en cuestión.

Capítulo 3
EL PROCESO GENERAL PARA LA GESTIÓN DE RIESGO COMUNICACIONAL

Este capítulo provee una visión general de los pasos del proceso de Gestión de Riesgo Comunicacional.

LOS SEIS PASOS DEL PROCESO DE LA GESTIÓN DE RIESGO COMUNICACIONAL

La intención del proceso de seis pasos es proveer una completa pero simple descripción de los componentes clave del programa de gestión de Riesgo Comunicacional.

La gestión de Riesgo Comunicacional puede ser tan simple como el desarrollo de un plan de comunicación por parte de un Dircomo puede ser un esfuerzo de gran alcance que involucre a un comité formal de Gestión de Riesgo.

El enfoque podría ser impulsado por las necesidades de la organización, el número y la complejidad de los asuntos públicos que enfrenta, el presupuesto y el tiempo disponible.

Paradigma de la Gestión de Riesgo Comunicacional

El proceso de seis pasos de la Gestión de Riesgo Comunicacional

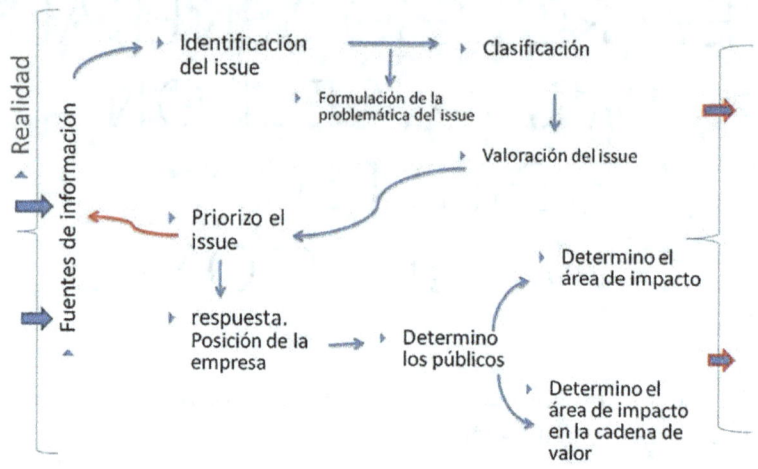

Primer paso: Identificación y clasificación de los Temas Clave

El primer paso es identificar y clasificar los Temas Clave que pueden afectar a la organización. Esto involucra observar las tendencias políticas, económicas, tecnológicas y los desarrollos de estas; y luego evaluar si pueden tener un impacto sobre la organización y sus objetivos. Este proceso se realiza a partir de la información proveniente de la realidad dinámica del entorno.

Tanto la visión, misión, así como los objetivos, planes y operaciones de la empresa, definen los parámetros a tener en cuenta para determinar un asunto público.

Tomemos el ejemplo de un fabricante de automóviles. Como compañía industrial, puede ser afectada por un cierto número de Temas ambientales, de salud y seguridad, como de recursos sobre el consumo de emisiones de gases de sus fábricas.

Como fabricante de automóviles, la compañía tendrá interés en el área de transporte que incluye temas como infraestructura de autopistas, medios públicos de transporte, contribuciones energéticas y congestión urbana.

Como empresa global estará afectada por muchos temas sociales y políticos que pueden ir desde disparidades económicas entre las naciones industriales y el mundo en vías de desarrollo, pasando por las negociaciones de comercio internacional hasta la jurisprudencia de los países en los cuáles opera.

Alguno de estos Temas podría tener un impacto tangible sobre los objetivos del fabricante de automóviles bajo la forma de nuevas reglas, restricciones sobre el comercio, o demandas de los *stakeholders* para cambios en políticas o practicas corporativa.

El proceso para identificar los Temas Clave puede ser simple, por ejemplo, una sesión periódica de tormenta de ideas. O puede ser una evaluación más formal y sistemática de los datos públicos como: investigación de mercado, de las coberturas periodísticas, análisis de la literatura futurista, de los anuncios de la competencia, de los borradores de leyes y propuestas de regulación sobre temas relevantes.

Cualquiera sea el modelo que se use para la identificación de Temas Clave se debe contar con una matriz de datos o un esquema de administración de las informaciones que entran a la organización para ser tratadas y analizadas.

En general, las compañías tienen contratado un servicio de búsqueda de información en los medios de comunicación que se las provee de forma diaria. Pero ese servicio no siempre está desarrollado mediante un esquema estratégico de entrada de información. Usualmente, el sistema de *clipping*, que realiza búsquedas por medio de palabras claves, lleva a la bandeja de entrada información poco seleccionada y dispersa que acopiaron de los medios de comunicación *on-line* y *off-line*.

El proceso de observación se realiza sobre el entorno, es decir, el "ambiente externo a la organización", un conjunto de variadas fuerzas relacionadas entre sí frente a las cuales no se puede ejercer influencia significativa. Dicho entorno introduce un grado importante de incertidumbre y complejidad sobre la acción que debe ser examinado y comprendido para asegurar el éxito de la misma.

Existen dos enfoques que establecen las pautas de observación del entorno: el análisis activo y el análisis pasivo. En este último, el estudio de tendencias se hace en base a los problemas que abordan los periódicos y los medios de comunicación, que en opinión de los expertos representa una indicación apropiada de los eventos y problemas críticos de una sociedad.

Popcorn (1992)[1] y *Coates et al* (1986)[2] utilizan el método de análisis de los medios (llamado "análisis de contenidos") para identificar tendencias

---

1 Popcorn, F (1992), *The Popcorn Report: Revolutionary Trend Predictions for Marketing in the 90s*, Century Business, *Londres*.
2 Coates, et al (1986), *Issues Management: How You Can Plan, Organize and Manage for the Future*, Lomond, Mt. Airy.

y predecir cambios. Así, sobre la base de revisar un número relevante y significativo de periódicos y revistas, y de analizar programas de televisión, libros, documentales y películas, a lo largo de un determinado período de tiempo, sería posible proveer una lectura sobre los cambios significativos y otros problemas emergentes.

Las críticas a este primer tipo de enfoque se refieren al procedimiento muchas veces poco riguroso en la definición de las premisas sobre las cuales descansan las cuatro etapas en las que se estructura el método: recolección de la información, identificación de tendencias, proyección de las mismas, interpretación de su significado (May, 1996).

El segundo enfoque es conocido como análisis activo del entorno y ha sido desarrollado por Renfro (1993), Slaughter (1984), Pflaum & Delmont (1987), Cook (1986), Neufeld (1985) y Nanus (1982). En él se hace hincapié en un esfuerzo más organizado, selectivo y orientado por parte de la organización con el fin de identificar aquellos cambios de mayor impacto sobre ella. El método propuesto es el llamado "*Quick Environmental Scanning Technique*" (QUEST) que permite avanzar desde la identificación de problemas hasta la elaboración de la estrategia[3].

Paso dos: Valorar el tema

El proceso de identificación de Temas Clave cubrirá muchos emergentes, esto requerirá de un poco de paciencia por parte de la organización. No todos los Temas Clave serán equitativamente importantes u oportunos. Para sortear el problema las prioridades deben ser fijadas y también valoradas. Aquí la importancia de desarrollar una matriz de ingreso de información que permita dar prioridades a los emergentes.

Valorar significa otorgar al Factor de Riesgo una calificación de positivo, negativo o neutro, de acuerdo con el impacto en la organización.

La calificación es arbitraria y está relacionada, además del impacto, a la oportunidad que tiene la organización de generar una respuesta positiva a la resolución de la cuestión. Una valoración positiva para la organización puede estar asociada a un evento negativo para la sociedad.

Por ejemplo, el aumento de las retenciones al campo por parte del Gobierno Nacional, puede resultar en una valoración positiva para alguna empresa del sector, ya que dicho aumento puede ser útil (dentro de su estrategia) para presionar por otro tema prioritario para la compañía.

---

3 Licha, Isabel (2000), *Los instrumentos de la gerencia social*, INDES, Banco Interamericano de Desarrollo, *Washington, DC*.

Paso tres: Fijar prioridades

La prioridad está marcada por la valoración y la situación del Tema Clave: si es latente, emergente, en curso o estratégico.

Los Temas Clave latentes son aquellos que todavía no se expresaron en la opinión pública. Que son pensados por la organización como posibles, o comenzaron a ser pensados en pequeños grupos de expertos como "posibilidad de ser".

Los Temas Clave que se presentan a la opinión pública y tienen potencial de generar grandes impactos en el corto plazo, necesitan de un plan de acción inmediato.

Esos serán los temas importantes para el rendimiento de la organización, su reputación, imagen, etc. Estos son los temas clave emergentes o también llamados en curso.

Los temas clave de largo plazo o aquellos de naturaleza más especulativa que son observados pero que no necesitan de una acción inmediata dada su naturaleza, sino que su aparición —aunque actual— no impactarán rápidamente en la organización, son denominados estratégicos.

Los temas estratégicos tienen importancia para la organización en tanto podrían afectar de forma significativa a la compañía. Estos pueden no existir en la actualidad, pueden ser temas que la organización piensa como aquellas cuestiones posibles que aparecerán y deberán ser resueltas, o también que debieran presionarse para que emerjan con lo cual podría mejorar el rendimiento de la compañía.

En síntesis, fijar las prioridades asegura a la organización una correcta delimitación sus recursos y la ayuda a enfocarse en los Temas Clave que tienen un mayor efecto potencial sobre su rendimiento o reputación y ante los cuales es capaz de responder.

Paso cuatro: Desarrollo de la posición

Después de identificar, clasificar, valorar y priorizar el Tema Clave, la organización debe desarrollar su posición o respuesta. Esto es, su visión sobre el problema y cómo será resuelto.

Para desarrollar este punto se deberá tener en cuenta a qué públicos afectará la decisión y en qué área de negocios impactará el tema, como también qué parte de la cadena de valor será afectada o tendrá participación en la resolución de tema.

La posición puede tomar la forma de un resumen del o los Factores de Riesgo que incluye:

- Declarar el Factor de Riesgo, que implica una definición del mismo.
- La posición, es decir, que idea tiene la organización sobre el asunto.
- La respuesta, qué hará la organización, o lo qué cree que debe hacer.
- Qué público será afectado por la respuesta.
- Sobré qué área del negocio impacta.
- Qué área de la cadena de valor involucra el Tema.

La posición debe reflejar el consenso de los jugadores clave en la organización, ellos son quienes tienen un interés particular en el Tema. De modo que, invitar a trabajar a los jugadores claves en el Factor de Riesgo asegura la posición, los reflejos, los conocimientos, y también influye sobre los directores que tienen un rol en la solución del mismo y que serán afectados por él. En este sentido, involucrar a los responsables del área, que dicho asunto involucra, es fundamental para tener una mejor perspectiva del impacto y desarrollar un mejor mensaje para la toma de posición.

Por ejemplo, una firma farmacéutica necesita involucrarse en un tema de patentes genéticas y para ello necesita un grupo de investigación y desarrollo, expertos en asuntos públicos, línea de dirección de negocios y un departamento legal para desarrollar la posición de la empresa y así poder responder a los periodistas, a los grupos de interés y a los legisladores.

Paso cinco: Desarrollo y puesta en práctica de un plan de acción

En algunos casos, una declaración de la posición de la organización sobre el asunto y la respuesta es suficiente. En otros casos, debido a la urgencia, el impacto potencial y la complejidad o duración, se requiere de planes de acción más detallados.

El plan de acción puede ser un programa de comunicación que trata de informar al público acerca de la posición de la organización. O puede ser una integración del plan de negocios con el plan de comunicación que adapte las políticas, las prácticas, o los productos de la compañía al cambio de expectativas de los *stakeholders*.

Los elementos del plan de acción, como en cualquier plan de comunicación estratégico deben incluir:

- Los objetivos: los que la organización trata de conseguir.
- Las estrategias: cómo el objetivo será alcanzado/el enfoque.
- Las tácticas: las actividades específicas o los pasos.
- La medición: los resultados y las métricas que condicionarán el progreso.

El plan debe asignar las responsabilidades para la puesta en práctica e incluir los medios para coordinar las actividades, monitorear el progreso y valorar la eficacia.

Paso seis: Trayectoria y monitoreo de los Temas Clave

En cuanto un tema clave es identificado, debe ser controlado y reexaminado periódicamente para determinar: 1) si es relevante para la organización; 2) si los fundamentos de la cuestión cambiaron de alguna manera; 3) si la organización necesita modificar o acomodar el plan de acción a los recientes desarrollos o la nueva información.

Los Temas Clave son variables. Se desarrollan continuamente, amplían sus actividades y toman nuevas direcciones. Por ejemplo, la protección ambiental ha sido un asunto de la preocupación mundial por al menos 30 años. Mientras el nivel de interés ha quedado constante, el asunto ha tomado muchas direcciones: el problema del aire y del agua, las emisiones de gases, la conservación de energía, las prácticas de cosecha orgánica, el reciclaje, la reducción del consumo energético, el cambio climático mundial, y otros temas más. Hay siempre nuevos datos, nuevas opiniones, nuevos grupos de interés y los eventos críticos causan que el asunto cambie en importancia y visibilidad. Sobre este particular tema el área de responsabilidad social empresaria ha puesto verdadero interés dada su actual relevancia.

LA CONTINUA RECURSIVIDAD DE LOS TEMAS CLAVE

La Gestión de Riesgo Comunicacional es un "bucle ininterrumpido" en el que, tras emerger un Tema Clave, se lo identifica, prioriza, para luego diseñar y desarrollar planes, vías alternativas, posiciones y acciones, etc., a los que luego se los continúa observando y reexaminando periódicamente.

Generalmente, durante la reexaminación del Tema se observan cambios ocurridos desde su primera aparición y se analizan los consecuentes cursos de evoluciones probables y posibles. La nueva información que de allí se desprenda puede dar pistas sobre cómo afecta el Factor de Riesgo a la organización o cómo sus *stakeholders* están viendo el problema. De allí se puede inferir si el Tema es importante, poco importante o nulo. Por consiguiente, la organización podrá decidir qué hacer, si redefinir su posición, modificar su plan de acción, o dejar caer el tema de su agenda.

Los Temas Clave pueden tener un plan de acción o ser solo monitoreados. Cualquiera sea el modo en que se aborde el problema la recursividad estará siempre presente, ya que la dinámica del contexto puede hacer cambiar su prioridad tantas veces como decisiones se tomen sobre él; sean de la propia empresa o de otras (dada la interactividad del asunto). El futuro está determinado por múltiples factores que determinan su indeterminación.

UN CONSEJO PRÁCTICO

Siempre existe la posibilidad de variar el proceso descrito en este capítulo. Sin embargo, en el proceso de desarrollo de la Gestión de Riesgo Comunicacional, seguir los puntos que a continuación se describen puede facilitar la gestión:

- Identifique un patrocinador en la Alta Dirección —un miembro influyente de la organización— quién pueda apoyar el esfuerzo, vinculando la planificación y las políticas de la organización, pudiendo también presidir el comité de Gestión de Riesgo. Lo cierto es que nunca resulta sencillo persuadir a la alta dirección de la importancia de seguir determinado tema y cómo este puede afectar a la compañía, en general el "día a día" determina la toma de decisiones.

- Mantenga los Temas Clave de tal forma que la dirección pueda procesarlos de manera simple. Si ya existe un comité de asuntos, no desarrolle uno nuevo. Maneje el trabajo como parte de la misma agenda o amplíe los servicios.

- Apoye los recursos existentes dentro y fuera de la organización —tal como los datos de sondeo, los datos de la asociación de comercio, informes de mercadotecnia— antes de encargar alguna otra investigación original.

- Desarrolle oportunidades para revisar y hablar de las tendencias a largo plazo, pero enfoque el esfuerzo en una breve lista de asuntos críticos e inmediatos que puedan tener un impacto en los próximos 12 a 36 meses —este es el horizonte de eventos para la mayoría de las organizaciones—.

Capítulo 4
EL COMITÉ DE RIESGO COMUNICACIONAL

El presente capítulo explica para qué y cómo organizar un Comité de Riesgo Comunicacional e incluye una muestra de un Comité constituido.

EL COMITÉ DE RIESGO COMUNICACIONAL: VISIONES Y EXPERIENCIAS

La Gestión de Riesgo Comunicacional trata de identificar los Temas Clave, las tendencias y las actitudes de los *stakeholders* que puedan impactar tanto en las operaciones como en la reputación de una organización y luego desarrolla estrategias para tratar con ellos.

El proceso vincula aspectos de la organización y de la planificación comunicacional, trascendiendo los *stakeholders*. Por lo tanto, los programas de Gestión de Riesgo Comunicacional se verán beneficiados con la participación tanto de los directivos de la organización como de los profesionales de comunicación.

Una función ligada al Comité de Riesgo Comunicacionalesla de proporcionar diversos puntos de vista, experiencias y contactos con los *stakeholders*. Esto permite asegurar que las respuestas a los asuntos reflejen el consenso y la sabiduría colectiva de la organización.

El Comité de Riesgo Comunicacional debe incluir personas capacitadas para identificar dichos Temas Clave y evaluar sus impactos, fijar prioridades, y formular las recomendaciones para la acción al CEO y a la Alta Dirección.

Entre las áreas y las funciones útiles se encuentran:

- ▶ **Gestión Estratégica:** para la obtención de información sobre los planes de la organización, de la competencia y de los desarrollos industriales.

- **Investigación:** para la obtención de datos sobre los comportamientos de los consumidores o el desarrollo de productos.

- **Venta y Marketing:** para la obtención de información sobre productos, servicios y las relaciones con los clientes.

- **Finanzas:** para determinar el impacto en las finanzas de cada Tema Clave.

- **Logística:** para visualizar el impacto sobre la fabricación y la distribución.

- **Asesoría Legal:** para la evaluación legal del Tema Clave y la proposición de respuestas.

- **Relaciones Institucionales/Comunicación:** para lograr acuerdos con la comunidad, los inversores, los medios, el poder legislativo, funcionarios gubernamentales y los grupos de interés, así como también para acordar sobre las técnicas de comunicación.

- **Recursos Humanos:** para la formulación de una opinión sobre cómo afecta el tema clave a los miembros de la organización.

El Comité deberá estar preparado para encuentros periódicos en los cuáles se analice tanto el estado de cada Tema Clave y las respuestas organizacionales así la consideración de nuevos Temas.

ALTERNATIVAS PARA LA ORGANIZACIÓN DEL COMITÉ

Utilice un comité existente

No es necesario constituir un nuevo comité para ocuparse de los Temas Clave. Un comité existente puede ser capaz de incluir en su agenda la Gestión de Riesgo Comunicacional.

En esta época de presupuestos ajustados y calendarios sobrecargados, el aspirante a la gestión de los Factores de Riesgo deberá analizar las alternativas existentes antes de proponer la conformación de otro comité.

Sus miembros deberán abarcar las funciones listadas anteriormente o tener la habilidad para suplementarlas con unos pocos actores clave cuando se asuma la discusión de un Tema. El grupo debería incluir —o tener el acceso a— los responsables de adoptar decisiones y líderes de opinión dentro de la organización.

Los candidatos pueden ser:

- Un equipo vigente de gestión de crisis (después de todo, la Gestión de Riesgo Comunicacional trabaja para anticipar las crisis).
- Una política corporativa existente en donde los comités estén integrados por representantes de la alta dirección.
- Un comité ejecutivo del directorio de la organización.
- Un comité establecido de la alta dirección, formado por el área de negocios y líderes de equipos.
- Un grupo de gestión estratégica o asesoría en comunicación.

Para que este enfoque sea exitoso, un integrante de la alta dirección debería estar abocado a la gestión de riesgo y estar al servicio del comité existente o tener el poder y la influencia para modificar el desempeño actual del grupo.

Por ejemplo, el Dircom puede ser un defensor de la Gestión de Riesgo Comunicacional a la par de los miembros de la alta dirección. Por otra parte, el director de comunicación podría contactar al asesor legal de la organización y pedir su asistencia.

Extiéndalo al interior de la Organización

En muchas organizaciones, el tiempo de los miembros de la alta dirección para asumir nuevas responsabilidades es limitada. Los candidatos adicionales para el Comité de Riesgo Comunicacional pueden ser convocados entre los asistentes de la dirección de primera o segunda línea.

El aspirante a la Gestión de los Factores de Riesgo puede acercarse a los directores de varias dependencias comerciales y equipos de trabajo y pedir asesoramiento sobre los posibles candidatos para un Comité de Riesgo Comunicacional. La asignación puede estar posicionada como una oportunidad de desarrollo profesional para una "brillante promesa" o una segunda línea que pueda aportar nuevas percepciones sobre el Tema Clave o desempeñarse como un enlace con su departamento.

El equipo resultante puede hacer el trabajo de base analizando y priorizando los Temas Clave y preparar acciones recomendadas a la comisión directiva apropiada o al grupo político.

¿Quién dirige el Comité de Riesgo Comunicacional?

El director ejecutivo de la organización (CEO) es quién implementa la política organizacional y, como tal, es un candidato lógico para presidir el Comité. Teniendo en cuenta las dedicaciones existentes del CEO, es más probable que el trabajo recaiga en otro miembro del equipo ejecutivo, como por ejemplo el director de comunicación.

En todo caso, quien lo presida debería ser un reconocido líder de la organización, un líder de opinión influyente que pueda conseguir consenso para sus recomendaciones sobre políticas, acciones y pasos desarrollados por el Comité.

El esfuerzo debe ser verdaderamente horizontal y no percibirse como que es algo controlado por un solo departamento, al igual que la comunicación o las relaciones gubernamentales. Esto puede generar falta de interés o quizás una completa oposición de parte de otros departamentos.

¡MANOS A LA OBRA!

Hay varias maneras que tiene un Comité de Riesgo Comunicacional para poner en marcha su trabajo. No hay muchas objeciones para comenzar cuando un Tema Clave está en su punto álgido de explosión, como puede ser una nueva amenaza competitiva, un debate sobre legislaciones o regulaciones propuestas, o un ataque a la organización por parte de un grupo que se opone sobre alguna acción.

Ante estas circunstancias la organización estará en "modo" de crisis y dispondrá tanto el lugar como los recursos necesarios para resolver la cuestión. El orden, la coordinación y la comunicación entre los actores clave son la llave del éxito.

En la ausencia de una amenaza inmediata, conseguir la puesta en marcha del Comité puede implicar un mayor esfuerzo de persuasión y negociación.

Las campañas que carecen de resultados organizacionales claros y explícitos no logran obtener el apoyo de la alta dirección. Una de las lecciones importantes que los autores de este libro hemos aprendido como consultores de estrategia, prospectiva y planificación, es que "las circunstancias organizacionales y los resultados deseados para la Gestión de Riesgo Comunicacional deben ser claramente comprendidos y respaldados por la alta dirección"[1].

---

1 Poore, Carol (1997), *How Issues Management Turned the Tide: A Case Study for Action and Results*, IABC, Communication World.

Los Dircom pueden —y deberían— ser actores en la Gestión de Riesgo Comunicacional. Si la campaña ya no tiene lugar en su organización, puede colaborar con otros jefes de departamentos clave para crear una. Es necesario identificar los beneficios internos y externos de tener (y el riesgo de no tenerlo) un proyecto de Gestión de Riesgo Comunicacional en marcha. El resultado final debe ser lograr los objetivos organizacionales y, si es posible, en términos cuantificables. Por ejemplo, los resultados internos podrían ser decisiones rápidas y de calidad, y un enfoque unificado para comunicar esos temas clave centrado en los clientes y ser capaz de lograr resultados medibles"[2].

El director de comunicación podría considerar el siguiente enfoque para "vender hacia dentro" un Programa de Gestión de Riesgo Comunicacional:

- Identificar aliados en otros departamentos que se beneficiarían de un enfoque coordinado en la gestión del programa.
- Estar preparados para responder la pregunta: ¿cómo el proceso puede hacer su trabajo más fácil?
- Trabajar con aliados, reconstruyendo los acontecimientos organizacionales utilizando un ejemplo reciente.
- Responder: ¿cómo le debería haber ido a la organización si hubiera implementado un proceso de Gestión de Riesgo Comunicacional antes de la implementación de un reciente desarrollo organizacional o del debate dado sobre una política pública?, ¿cómo hubieran impactado los resultados sobre lo que en realidad se logró?
- Identificar a un alto ejecutivo que defenderá el programa; e involucrar al ejecutivo en refinar los acontecimientos organizacionales.
- Presentar con el apoyo y la presentación del ejecutivo patrocinante, el Programa al CEO y a la alta dirección. Concentrándose en los beneficios tangibles de la gestión de riesgo para la organización.
- Demostrar claridad en lo que usted requerirá: la participación, el apoyo y/o la financiación de la alta dirección.

---

2 The Conference Board, (1979), *The Business of Issues: Doping with the Company's Environments*, Nueva York.

- Proporcionar un tiempo probable para la implementación del Programa, incluyendo cuándo la alta dirección verá un producto de trabajo o se les requerirá alguna colaboración.

ESTABLECER LOS LINEAMIENTOS PARA EL COMITÉ DE RIESGO COMUNICACIONAL

Un escrito breve o la declaración de la misión pueden ayudar a definir el papel del Comité de Riesgo Comunicacional para la alta dirección, los miembros del Comité y la organización en general. Esto asegura que la dirección tenga una clara comprensión de lo que el Comité se propone y pueda ayudar a retener a los miembros al momento de empezar su trabajo.

Lo siguiente es una simple muestra:

Estatuto del Comité de Riesgo Comunicacional

Misión

El Comité de Riesgo Comunicacional está constituido para ayudar a la organización a maximizar sus oportunidades y minimizar las amenazas generadas por asuntos públicos emergentes, tendencias y actitudes de los *stakeholders* y ayudar a su vez en el desarrollo de las apropiadas tácticas y estrategias para responder.

Roles y Responsabilidades

El Comité de Riesgo Comunicacional es responsable de identificar los Temas Clave actuales y emergentes con impacto potencial sobre la reputación de la organización o sobre su habilidad para hacer negocios. El Comité evaluará y priorizará esos asuntos y recomendará posiciones y respuestas para la aprobación del CEO y el Comité Ejecutivo.

Miembros

El Comité incluirá la representación de:
- Grupos de Negocios.
- Comunicación Corporativa.
- Relaciones Gubernamentales o Institucionales.

- Recursos Humanos.
- Desarrollo de Producto.
- Marketing.

Asuntos Legales

El Dircom presidirá el Comité de Riesgo Comunicacional. El gerente de comunicaciones se desempeñará como asistente del presidente y será responsable de organizar la agenda de reuniones.

Reportes de Relaciones y Vinculaciones

El presidente del Comité de Riesgo Comunicacional reporta al Comité Ejecutivo, responsable de la formulación de la política a seguir por el grupo de la organización, y asiste como miembro de ese grupo. El CEO y el Comité Ejecutivo evaluará y podrá aprobar las posiciones corporativas, las respuestas y los planes de acción desarrollados por el Comité de Riesgo Comunicacional. El CEO se desempeña como el último árbitro de la política corporativa, la postura y las acciones sobre algún tema clave.

El Comité de Riesgo Comunicacional también se conectará y coordinará sus actividades con los siguientes Comités permanentes: el área de Comunicación y el equipo de Gestión de Crisis, el Grupo de Planificación Corporativa y el Consejo de Presidentes de cada División Corporativa.

Actividades

El Comité de Riesgo Comunicacional establecerá y dirigirá los procesos para identificar los temas de la organización, y se reunirá periódicamente para revisarlos, establecer prioridades, y desarrollar recomendaciones, incluyendo cuestiones de posición y acción, para la aprobación del Comité Ejecutivo.

El Comité definirá Equipos de Temas Clave para desarrollar e implementar los planes de acción, monitoreará la ejecución de esos planes y la realización de los informes sobre los progresos para el Comité Ejecutivo.

El Comité también supervisará el desarrollo y mantenimiento de la base de datos de los Temas Clave que contendrá la información actualizada sobre los mismos, las posiciones corporativas y las respuestas para esos Factores de Riesgo. Abarcará también información sobre las actividades del Equipo de Temas Clave, los expertos dentro de la organización, y los contactos claves para buscar más información para la Dirección o la asistencia en el manejo de un asunto en particular.

Cada año, antes de la planificación anual y el proceso de presupuesto, el comité presentará al Comité Ejecutivo una revisión de los principales temas clave y los recientes desarrollos como también sus implicancias en futuros ciclos de planificación organizacional.

Con el estatuto en mano, aprobado por la alta dirección, es tiempo de que los gestores de temas clave organicen los recursos y comiencen a trabajar.

Capítulo 5
IDENTIFICACIÓN Y CLASIFICACIÓN DE TEMAS CLAVE

Este capítulo describe las diferentes clases de Temas Clave. Cómo se buscan y cómo se ensamblan las búsquedas con la información utilizable para la Gestión de Riesgo Comunicacional.

IDENTIFICACIÓN DE LOS TEMAS CLAVE

El punto de partida del proceso de Gestión de Riesgo Comunicacional es identificar los Temas Claves latentes y los emergentes, estos últimos también llamados "en curso".

Los Temas Clave relevantes son aquellos que tienen un potencial impacto sobre la organización. Esto significa observar datos de una variedad de orígenes —siempre ceñidos a una matriz de información pertinente que permitirá su clasificación—, entre los cuales podemos incluir: entrevistas a directivos de la alta gerencia, investigaciones de mercado, el plan estratégico de la organización; las tendencias, sociales, políticas, económicas y competitivas, investigaciones académicas, análisis futuristas, declaraciones y movimientos de los grupos de presión, legisladores y reguladores.

El enfoque variará dependiendo del tamaño y la complejidad de la organización, el estilo de la dirección, la cultura y la amplitud de los asuntos que enfrenta. Robert Moore en su artículo del año 1979, en la *Conference Board*, lista siete enfoques para abordar *temas clave*[1]:

1. El CEO, debe pensar en la dirección estratégica y el ambiente operativo, e identificar y fijar las prioridades de los factores de riesgo.

---

[1] McGrath, George (1998), *Issues Management Anticipation and Influence*, IABC, San Francisco, California.

2. La alta dirección, como parte de la estrategia, debe planear encuentros o discusiones informales que pueden cubrir asuntos de interés.

3. La alta dirección puede ser consultada y recibir el pedido para que clasifique una lista de temas con el propósito de avanzar en el desarrollo estratégico y la planificación, realizado por el departamento de comunicación, consultores u otras personas.

4. El departamento de comunicación, u otra unidad, monitorean los temas clave y recomiendan las prioridades para la consideración de alta dirección.

5. Los asuntos públicos son monitoreados, inicialmente, por una división de gestión o por los directores.

6. La organización extrapola las tendencias sociales, políticas, económicas y desarrolla escenarios futuros alternativos.

7. Los medios de comunicación son escaneados para producir discusiones, eventos o conciliar ideas sobre asuntos que aparecen como tendencias y que podrían afectar a la organización en algún punto.

ESTADIOS DE LOS TEMAS CLAVE

Los Temas Clave se desarrollan en distintos estadios a través de su tiempo de vida. Describiremos dos etapas distintas en la evolución de un Tema Clave:

- El estadio "latente": este es el escenario más temprano de la evolución. Los factores existen solamente como parte de una tendencia que aparece identificada o articulada por académicos o como enfoques de problemas futuros que son inadvertidos por la gran porción de la sociedad.

- El estadio "emergente": es la visibilidad de la tendencia y el aumento de la implicancia de esta; la definición del Tema Clave y otros componentes empiezan a definir la posición competitiva. El conflicto entre diferentes defensores aumenta la visibilidad del tema; comienza a ser cubierto por los medios de difusión y se expone públicamente.

- El Tema Clave se desarrolla en dos fases:

- ▶ **Fase de Conflicto:** los grupos de interés compiten por resolver el asunto y crear una política pública —un consenso público sobre "lo que debería ser hecho"— y cómo expresarlo en una legislación o regla. Esta acción conduce a la siguiente fase.
- ▶ **Fase de la resolución:** las nuevas reglas están en su lugar, el comportamiento organizacional cambia con el encuentro de nuevos padrones, y la atención del público se mueve hacia otras cuestiones.

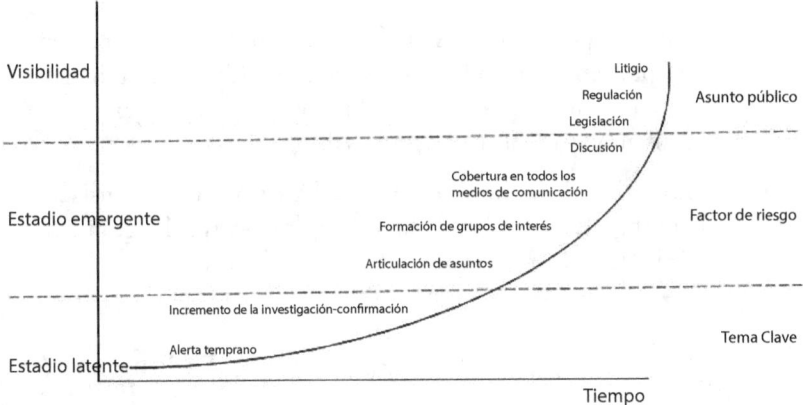

El Tema Clave en sus diferentes fases toma un estado distinto.

En su fase de conflicto el Tema Clave se define como Factor de Riesgo. Allí el asunto expresa en toda su individualidad el impacto que tendrá en la organización.

El Tema Clave en su fase resolutiva se define como Asunto Público.

Esta denominación permite que cuando sea reabierto e inciten un nuevo debate a partir de nueva información, nuevos argumentos o renovadas coberturas periodísticas, como así también por los cambios dados a partir de nuevas actitudes en los públicos, el Tema Clave pueda diferenciarse.

No hace falta más que observar las políticas de tributación constantemente cambiantes de la mayoría de los países, para apreciar que los temas son resueltos rara vez para siempre, pero continúan siendo debatidos por recientes generaciones de defensores. Por esta razón, la identificación de Factores de Riesgo en curso es importante y debe procesarse no solo en un solo periodo de tiempo. Cuando un factor de riesgo es debatido nuevamente no se debatirá como Tema Clave sino como asunto público.

Las técnicas de identificación varían dependiendo del escenario del desarrollo del asunto:

- Identificar los Temas Clave en el estadio "latente" involucra explorar el ambiente reconociendo las tendencias sociales, económicas, políticas y tecnológicas, las ideas y eventos que puedan tener implicancias para la organización. Métodos de investigación que incluyan evaluaciones de literatura y entrevistas para revelar el pensamiento de académicos, futuristas y expertos de política pública.

- Una vez que los Temas son planteados en el estadio "emergente", pueden ser seguidos por medio de múltiples herramientas, como encuestas de opinión pública y *focus groups*, el análisis de contenido y la consulta a grupos de interés.

- En la Fase de "conflicto", con el debate a pleno y la legislación inminente, las herramientas esenciales incluye el seguimiento de la legislación y el contacto con el gobierno.

Estadio del Tema Clave	Fases	Actividad	Identificación de herramientas
Latente		Nuevas ideas, conceptos, teorías articuladas con la investigación académica.	Observación del entorno – literatura especializada – análisis de tendencias – entrevistas a expertos.
Emergente		Temas clave articulados y definidos – toma de posición y comparación con otras posiciones – cobertura de medios.	Encuestas de opinión pública - focus groups, análisis de medios de comunicación - consulta a grupos de interés.
	Conflicto	Defensa de la posición – formación de coalición – regulación – legislación	Opinión pública- monitoreo legislativo – contacto con representantes del gobierno.
	Resolutiva	Nuevas ideas- desarrollo de la información del asunto regulado – propuestas de nueva legislación.	Observación del entorno – análisis de medios de comunicación – análisis de tendencias – observación legislativa – lectura especializada.

Un Asunto Público que ha sido resuelto puede importar una posibilidad de reapertura en un futuro, siendo importante la observación y seguimiento de esta posibilidad.

El Asunto Público puede ser reciclado en el proceso de identificación o clasificación, por ejemplo, mediante la exploración de la literatura y los nuevos sondeos, según la opinión de los académicos sobre la evolución del asunto, el interés de grupos y responsables políticos.

En suma, la organización puede continuar el monitoreo sobre los movimientos y sobre los borradores de las nuevas leyes, que se fortalecen, o expanden.

IDENTIFICAR LOS TEMAS CLAVE LATENTES

Los Dircoms que conozcan sus organizaciones, sus estrategias de negocios, sus planes y sus ambientes operativos tendrán un "sentimiento visceral" para los Temas Clave latentes; esto suele suceder porque los Directores de Comunicación suelen gestionar dichos temas de forma intuitiva. Un enfoque más metódico supone hacer una serie de preguntas para determinar las vulnerabilidades y las oportunidades de los Temas Clave sobre la organización.

Esta investigación podría ser emprendida por un Dircom motivado, o podría servir como base para una discusión inicial por un Comité de Riesgo Comunicacional o un equipo dedicado a la identificación de Temas Clave.

1. Empezar con la organización: su visión, misión, valores, objetivos y operaciones. ¿Está la organización comprometida en las actividades o habrá que considerar los cambios que podrían ser controvertidos, debatidos o no consensuados? ¿Hay similares implicancias para cualquier producto o servicio que brinda o pone bajo consideración? ¿En dónde es más vulnerable la organización a un cambio en su ambiente operativo? Como puede ser el surgimiento de nuevos competidores, un cambio en las actitudes de los clientes, inversionistas, empleados u otros electores, o un nuevo estándar social que creará una brecha entre la práctica de la compañía y las normas sociales.

2. ¿Qué temas están causando más preocupaciones y comentarios entre los *stakeholders*?

El Director de Comunicación está a menudo sobre la primera línea tratando con empleados, periodistas, inversionistas, líderes de opinión y comunidades. ¿Qué temas están registrando el número más grande de preguntas, comentarios o quejas? ¿Dónde están las brechas más grandes entre las expectativas de los *stakeholders* y el rendimiento de la organización?

3. ¿Qué temas están planteando preocupación en la alta dirección? ¿Tiene el CEO una lista breve de los factores de riesgo? ¿Qué nuevas historias interesan y requieren más información para la alta dirección? ¿Qué competidores preocupan más a la organización? ¿Qué tendencias o eventos son temas recurrentes en las reuniones formales o informales de la alta dirección?

4. ¿Cuáles son los temas de expertos preocupantes dentro de la empresa?
¿Qué observa el Director de Asuntos Públicos como la principal legislación que viene y los Temas Claves regulatorios en el horizonte? ¿Qué desarrollos tecnológicos conciernen al Jefe de Prensa? ¿Qué tendencias sobre la fuerza de trabajo sigue el Director de Recursos Humanos?

5. ¿Cuáles son los mayores temas cubiertos por los medios de comunicación—sociales, políticos, económicos, tecnológicos, tendencias culturales— que tienen relevancia y potencial impacto para la organización? ¿Qué temas, recientemente, saltaron desde los periódicos especializados a los medios de comunicación más importantes? ¿Dónde enfocan su atención los principales comentaristas y expertos?

6. ¿Cuáles son las preocupaciones de la industria? ¿Cuáles son los temas clave que fueron seguidos de oficio o por las asociaciones profesionales? ¿Cuáles son los temas sobresalientes que fueron discutidos en conferencias de la industria, encuentros y seminarios? ¿Tuvo el competidor problemas de conducta que afecte la credibilidad o la reputación de toda la industria, o ponga las prácticas de toda la industria bajo análisis?

Haciendo estas preguntas, el responsable de la Gestión de Riesgo Comunicacional puede ser capaz de construir una lista larga de actuales y potenciales estrategias de corto plazo y asuntos de política pública. Esta lista puede circular a través de la alta dirección o del Comité de Riesgo Comunicacional a los fines de establecer las prioridades.

IDENTIFICAR LOS TEMAS CLAVE EMERGENTES

Comúnmente la mayoría de los Dircoms manejan Temas Clave emergentes instintivamente, casi por casualidad. O esperan hasta que estos produzcan crisis. La clave es conseguir involucrarse con los Temas Clave cuando aparecen en la superficie, antes que se conviertan en Factores de Riesgo o Asuntos Públicos, idealmente antes que todos los jugadores del sector que involucra el asunto tomen formalmente una posición.

Cuanto antes se gestionen, más opciones habrá. Es mejor tomar partido antes de que un asunto se coloque en el centro de la escena de la discusión por un regulador o un cuerpo legislativo y antes que aparezca como un "tema de tapa" en los medios de comunicación.

Para descubrir tendencias importantes, uno de los métodos de observación de Temas Clave, supone mirar el horizonte y determinar qué podría ocurrir varios años después. *Think Tanks*, académicos y grupos de interés están incentivados a buscar temas a largo plazo. Mientras que las compañías exploran en el largo plazo el ambiente de negocios, es probablemente menos factible que lo hagan para los asuntos de política pública. El foco está orientado al corto plazo —dentro del ciclo de planificación de la empresa de 12 para 36 meses—. Este problema, en parte, está influido por la dinámica de la administración pública.

Es importante recordar que la persona individual o el grupo que identifican y define un Tema Clave y su posible solución, adquiere una ventaja estratégica sostenible: domina el debate, aventaja a adversarios potenciales y alcanza la solución preferida para el sostenimiento de la promesa corporativa.

TÉCNICAS E INSTRUMENTOS DE IDENTIFICACIÓN

Los Temas emergentes pueden ser identificados a través de la exploración ambiental, un proceso que se origina en la disciplina del marketing estratégico y la planificación. Dicho proceso trata de cubrir las ideas, las tendencias y los eventos que tienen implicancias para la sociedad y la organización.

Este instrumento analítico es valioso en sí mismo, como una herramienta que apoya la comprensión del contexto socioeconómico, político, social, cultural y científico técnico en que se desarrollará una determinada acción. En el ámbito de la Gestión de Riesgo Comunicacional es una herramienta que apoya tanto la comprensión de la realidad social donde se interviene como la conceptualización y reajuste continuo de la acción estratégica a desarrollar para atender las demandas sociales en un determinado contexto cambiante.

Involucra una revisión en curso de una importante cantidad de fuentes de información, incluidas revistas científicas, conferencias universitarias, reportes de radio y televisión, futuribles o reuniones de pensadores, *white papers,* e incluso obras del arte y literatura.

En la conducción de las observaciones, el responsable del proceso de Gestión de Riesgo Comunicacional deberá buscar:

Ideas

Estas son teorías científicas que emergen, nuevos conceptos sociales o económicos, o nuevas tecnologías que tienen el potencial de crear una brecha entre el rendimiento de la organización y las expectativas de los accionistas. Por ejemplo, la posibilidad del cambio climático global fue identificado primero en algunos estudios científicos sobre los cambios de temperatura conducidos en el año 1970. Algunos científicos teorizaron que el calentamiento del planeta estaba ocurriendo como subproducto de las emisiones de gases de las operaciones industriales. Activistas ecologistas después agregaron y articularon estas preocupaciones como un asunto público del calentamiento global y argumentaron a favor de las reducciones de las emisiones de gases, culminando en el año 1998 con el acuerdo de Kioto.

Tendencias

El teórico en *management*, Peter Drucker, opinó que "El futuro puede ser previsto a partir de tendencias que son fácilmente evidentes". Las tendencias demográficas y económicas, políticas y tecnológicas que conciben los cambios y asuntos de mañana están rodando por el mundo. El director de riesgo comunicacional debe analizar las tendencias y considerar sus implicancias sobre la organización.

En la Argentina, por ejemplo, el Consejo Empresario Argentino para el Desarrollo Sostenible (CEADS), escanea las tendencias que pueden tener un impacto futuro en la responsabilidad y prácticas de las empresas. El CEADS se concentra en la demografía, en la fuerza de trabajo, en lo económico, lo social y la vida para luego diseñar conclusiones a partir de allí. Por ejemplo:

> ▸ El envejecimiento de la generación *Baby Boommer* y la continuidad laboral podría tener un profundo impacto en los beneficios de las compañías. Las personas trabajarán más tiempo y requerirán suficiente cobertura de seguro médico para el cuidado de visión, la pérdida auditiva, la artritis y el cáncer. Trabajadores más viejos, con padres más viejos jubilados podrían estar interesados en los programas de cuidado de los ancianos.

- Las nuevas generaciones de empleados y el uso de nuevas tecnologías podrían requerir cambios en las políticas de recursos humanos en relación a la utilización de los tiempos de descanso. Las denominadas burbujas de ocio, esos minutos que los empleados se toman libre para despejarse de sus tareas laborales, son un factor a considerar por las áreas de RRHH de las compañías.

Para las organizaciones la implementación del teletrabajo puede intervenir en los cambios demográficos y en la retención de talentos a partir de bajar la tasa de migraciones por cambio de posiciones y roles en las compañías.

Eventos

El experto en *issues management*, Graham Molitor, cree que las tendencias noticiables representan el peso de los eventos. Al principio estos acontecimientos aislados parecen anormales o únicos, solamente con el tiempo se acumulan suficientemente y llevan a las personas a sospechar que algo está pasando.

Un ejemplo hipotético. Imaginemos un naturalista en el campo que encuentra una rana con dos cabezas. Puede ir e informarlo a los periódicos, pero será acogido por la mayoría de las personas como un evento raro. Si otros naturalistas encuentran algunas más, se empieza a percibir una tendencia. Ahora, si las observaciones de ranas con dos cabezas son río abajo desde una fábrica, uno puede empezar a ver un factor de riesgo.

Fuentes de información

Hay muchas fuentes de información que pueden ser utilizadas para obtener un escaneo del contexto.

Inclusión de fuentes

Publicaciones impresas

El interés general o las revistas de negocios, revistas comerciales y académicas, y el especial interés en los boletines, son un lugar lógico y fácil para empezar a buscar tendencias y Temas Clave emergentes.

El equipo de exploración debe buscar las tendencias y los asuntos que afectan a lo ancho de la sociedad, esas organizaciones específicas de la industria o áreas, los mercados desempeñados por la organización y negocios en general. Algunas publicaciones son perennes, otras están sobre el borde. Ambas son importantes de leer y analizar. Los catálogos de tendencias en los medios masivos de comunicación y los asuntos que corren actualmente en la sociedad; las publicaciones alternativas pueden brindar perspicacia en los posibles asuntos por venir.

Búsquedas en línea

Los propietarios de base de datos en línea y los buscadores abiertos de Internet son fuertes herramientas de investigación de asuntos claves.

Los grupos de noticias de Internet o sitios web dedicados a las tendencias particulares, a los temas o grupos de interés, son una fuente cada vez más valiosa de la información. Muchos imprimen las publicaciones y las cadenas de medios de difusión tienen versiones *on-line*, que aceleran y expanden los rangos de material.

Un investigador entrenado puede usar claves de búsquedas en Internet y en las bases de datos reservadas para trabajos de relevamiento de *papers* de investigación, demográfico, económico y datos de tendencia tecnológica de todas partes del mundo. Con millones de páginas web disponibles donde agregan día a día muchas más páginas, se presenta el problema de la clasificación a través del volumen absoluto documentos.

La clave es organizar la búsqueda alrededor de los mejores temas que son de preocupación para la organización o sobre la matriz de datos elaborada para tal fin. Como una alternativa, la organización puede buscar en la red ideas, comentarios y posiciones elaboradas por expertos establecidos o grupos de defensa de asuntos. Los comentarios dejados en los blogs o en artículos de revistas *on-line* especializadas pueden ser una buena opción.

Informes de investigación

Investigaciones por parte de analistas de inversión que siguen industrias particulares o compañías, o los informes elaborados por grandes firmas son fuente de información útil. El departamento de comunicación o de cualquier otra área podría estar asociado a los informes periódicos de las firmas de investigación, la mayoría tiene informes a la venta o publicados en revistas especializadas. Las universidades también realizan este tipo de investigaciones, como la Universidad Católica Argentina que realiza un informe mensual sobre el estado de la pobreza en el país junto con el Episcopado de Buenos Aires.

Think Tank y observadores de tendencia

Las organizaciones futuristas y los grupos de políticas públicas publicaron numerosos libros y periódicos sobre asuntos, tendencias y escenarios futuros. Además, están los observadores profesionales de tendencia.

Para algunas empresas de fabricación de productos orientados a la moda o al diseño industrial existen los *coolhunters*, personas especializadas en buscar tendencias o aspectos que crean tendencias.

A modo de ejemplo, se presenta a continuación un reducido listado de organizaciones y ámbitos a los cuales se puede acceder con facilidad por parte de los interesados a la cuestión:

AgentLand

Agentland es el primer portal internacional de tecnología inteligente asistida por computadora. También un lugar de venta de software adecuado. El sitio proporciona una gran cantidad de información provechosa sobre el mundo de los agentes informáticos, más una selección de herramientas tanto de las compañías establecidas de software como de los desarrolladores independientes.

The Aspen Institute

Lugar de reunión para que los políticos y los científicos discutan el futuro del mundo. El modelo del *Aspen Institute* inspiró muchos *think-tanks* alrededor del mundo.

Artificial Life

Esta organización reúne vínculos con los laboratorios que hacen investigación sobre vida artificial: microrobots, simulaciones de computadora, moléculas autorreproducibles.

Bionomics Institute

Un instituto de investigación que trabaja sobre las relaciones entre la biología, la ecología y la economía y desarrolla periódicamente conferencias internacionales interesantes sobre la temática.

Centre International de Recherches et Etudes Transdisciplinaires (CIRET)

Este centro tiene por objetivo crear canales entre disciplinas científicas y culturales a fin de instaurar un diálogo entre especialistas que pertenecen a ámbitos diferentes.

Sciences et de l'industrieCité des Sciences et de l'industrie

En el *home page* de la famosa Ciudad de las Ciencias y la Industria París, se puede acceder al museo más grande de la ciencia del mundo. Una ventana abierta en el tercer milenio.

LIPS Chaire de Prospective Industrielle du CNAM

En los últimos 17 años, la Cátedra de Prospectiva Industrial se ha convertido en el más importante centro europeo para la investigación del futuro. Conducido actualmente por el profesor Michel Godet, la Cátedra pertenece a los departamentos de economía y gerencia del *Conservatoire National des Arts et Métiers* (CNAM) que es una institución pública bajo la supervisión del Ministerio Francés de Educación Superior e Investigación. Como tal, guía y prepara a estudiantes graduados del CNAM y a candidatos doctorales en la investigación del futuro y el planeamiento estratégico.

Il Club di Roma

El Club de Roma, fundado en el año 1968 en Roma, reúne a un grupo de científicos, economistas, hombres de negocios, altos funcionarios internacionales, jefes de estado actuales y ex jefes de estado de los cinco continentes, convencidos de que el futuro de la humanidad no está determinado de una vez y para siempre, sino que cada ser humano puede contribuir a la mejora de nuestras sociedades.

Le Copenhagen Institute for Futures Studies

El objetivo del Instituto de Copenhague para los Estudios del Futuro es consolidar la base para la toma de decisiones en organizaciones públicas y privadas, creando el conocimiento del futuro y destacando su importancia en el presente.

Davos World Economic Forum

La reunión anual de los líderes del mundo en los Alpes suizos. El Foro Económico Mundial es hoy la más importante organización internacional que nuclea a referentes mundiales de los negocios, el gobierno, el mundo académico en una sociedad integrada para mejorar el estado del mundo.

Foresight Institute

Este centro de investigaciones se especializa en nanotecnologías (la ingeniería de lo infinitamente pequeño): micro máquinas, micro robots, electrónica molecular. Creado por Eric Drexler, este centro desempeña un rol controvertido pero significativo en un campo de vertiginoso crecimiento.

The Futures Group, Inc.

Es una compañía especializada en planificación estratégica corporativa y prospectiva.

Futuribles

Es un grupo de expertos internacionales que implementa técnicas de prospectiva social y tecnológica, inteligencia competitiva y estudios del futuro para preparar al mundo del mañana.

Global Business Network

Es una red virtual de consultores, futurólogos y especialistas en management que trabajan en los principales temas de la teoría organizacional para el principio del siglo XXI.

Institute for the Future

Situado en Silicon Valley, California, el *Institute for the Future* es una organización sin fines de lucro de investigación especializada en prospectiva de largo plazo, escenarios futuros alternativos y en el impacto de nuevos productos y tecnologías de próxima generación en la sociedad y los negocios.

Laboratoire du Futur

Esta organización a través de su sitio en la red facilita que los prospectivistas recolecten información para pensar el tercer milenio.

Sitios de nanotecnología

Actualmente existen en la red un conjunto de sitios dedicados a una de las tecnologías más prometedoras para las industrias de mañana: nanotecnología, el desarrollo de la industria en el nivel molecular.

Media Lab Research

El famoso laboratorio de investigación del MIT sobre los media del futuro. Gerenciado por Nicolas Negroponte, autor de *Being Digital*, este laboratorio desempeña un papel pionero en multimedias, redes e interfaces hombre/máquina.

Millenium Project

El *Proyecto Millennium* funciona bajo los auspicios del Consejo Americano (AC) y la Universidad de las Naciones Unidas (UNU) — principal organismo de investigación académica de la ONU, con sede central en Tokio y diversos centros alrededor del mundo—con fondos provenientes de la UNU y otros patrocinadores. Se trata de un Centro de Investigación de nuevo tipo: *Think Tanks* distribuidos en una vasta red de nodos y subnodos compuestos por grupos de personas e instituciones que trabajan para la ONU y otras organizaciones internacionales, corporaciones, gobiernos, ONGs, y universidades en más de 50 países que reúnen y producen información sobre el Futuro Global.

MDL Chemistry Page

Un lugar imprescindible para todos los químicos orgánicos interesados por la representación 3D de estructuras moleculares. Con programas educativos y vínculos en línea hacia sitios avanzados de la química en la Web.

OECD International Futures Programme

La OCDE propone en su sitio un conjunto de recursos y vínculos sobre el principal programa internacional de cooperación en futurología.

Principia Cybernetica Web

Una experiencia extraordinaria de creación colectiva en la Web: un grupo internacional de investigadores está escribiendo un hipertexto sobre el cerebro global creado por la interconexión de hombres, computadoras y la red. Un salto cuántico hacia el tercer milenio.

The Santa Fe Institute

Centro de investigación pluridisciplinario donde físicos, biólogos, sociólogos y economistas trabajan sobre la complejidad y la aplicación de la teoría del caos.

Technology Futures, Inc.

Grupo consultor especializado en prospectiva tecnológica.

Things That Think

One of Medialab's research programs devoted to interactive "thinking".
Uno de los programas de investigación de Medialab dedicado al pensamiento interactivo.

Université du Futur

La universidad del futuro inspirada por René Berger desea abrir nuevos paradigmas por la creación colectiva en la red y la "invención" del futuro en tiempo real.

World Future Society

Un sitio de referencia para la investigación del futuro. Con muchos vínculos hacia sitios y programas internacionales sobre futurología.

Asuntos de expertos

Sesiones informativas y discusiones con fuentes de información expertas, como académicos, miembros del personal legislativo y reguladores, futuristas, líderes de opinión y miembros de organizaciones no gubernamentales, pueden cubrir ideas emergentes que todavía no aparecen en la literatura o en los medios de comunicación.

En particular, los Temas Clave que pudieran observar las autoridades líderes, los Dircoms y las organizaciones —personas y grupos que parecen ser los primeros en articular un asunto—. Estas fuentes pueden ser conocidas a través de sus acciones anteriores, por ejemplo, un grupo de defensa que cuenta una historia de cómo promovieron una legislación. Los líderes pensadores pueden identificar los temas haciendo preguntas actuales en esos grupos.

Usar un equipo de exploración

La experiencia, instinto y criterio de la conducción individual de la observación es clave para hacer conexiones e identificar ideas útiles, tendencias y centenares de datos provenientes de las fuentes. Algunas organizaciones usan redes de voluntarios observadores de Temas Clave para mejorar la calidad y ampliar la mirada en la identificación de los factores de riesgo.

El grupo más diverso de ideas, eventos y tendencias observadas son probables Temas Clave. El experto en investigación y desarrollo podría ver la implicación del nuevo producto para los recursos humanos, donde los especialistas pueden encontrar pertinencias para las políticas de lugar de trabajo, o el experto en finanzas podrá determinar el potencial financiero expuesto por la organización, etc. Voluntarios pueden mirar los temas clave en un rango de publicaciones y fuentes de información en las ciencias sociales, políticas, negocios y en la economía, y la ciencia y la tecnología. Con un grupo, no muy numeroso de voluntarios, una organización puede tener la capacidad de buscar y analizar de 50 a 100 fuentes de información poniendo también mucho esfuerzo en los lectores individuales.

Una red de exploración es una herramienta especialmente provechosa para organizaciones grandes —empresas multidivisionales, agencias del gobierno, comunidades de socios, asociaciones de comercio, o grupos de interés— donde el territorio es demasiado grande para ser cubierto por el trabajo individual del director de asuntos o el comunicador.

Los mejores voluntarios podrían buscarse entre el personal junior. Este tipo de tareas podría estimularlo abriéndole un espacio para explorar nuevas ideas, sesiones de tormentas de ideas, desarrollo de escenarios, etc., que les faciliten ir involucrándose activamente en la concepción de la agenda política de la organización. El proceso debe ser diseñado de forma tan simple como sea posible.

Identifique al personal que está, probablemente, siempre leyendo publicaciones o tiene un interés en hacerlo, por ejemplo, el investigador de marketing que siempre ve informes y las tendencias de ganancias o los patrones de compra del consumidor y encuestas de opinión pública.

Por otro lado, los miembros del Comité de Riesgo Comunicacional pueden ayudar a identificar y reclutar al "mejor y más brillante" profesional dentro de sus áreas —las personas beneficiadas serán las que tengan más visibilidad por estar involucradas en el esfuerzo de exploración—.

Captar las ideas y la información

Ideas, tendencias e información de los asuntos públicos deben ser capturados de forma que puedan ser analizados y considerados por la alta dirección y los responsables de la política dentro de la organización.

Si la exploración está dirigida por una persona individual, por ejemplo, el director de comunicación, el producto de información podría ser una nota o informe para el Comité de Riesgo Comunicacional u otro grupo de la alta dirección que se ocupe de las tendencias.

Como se expresó párrafos arriba, los asuntos públicos surgen a través de la exploración y en referencia a sus implicancias para la organización. El documento debe incluir una recomendación, por ejemplo: continuar monitoreando el desarrollo de la tendencia en el largo plazo, su conducta en una investigación más profunda, o el desarrollo de una posición y respuesta de la organización para dicho asunto.

Si es un equipo de exploración voluntario, la información debe ser ensamblada e integrada a las prioridades de la organización. Algunas técnicas que pueden ser empleadas para ello son:

- Los observadores pueden enviar artículos o extractos al director de Gestión de Riesgo Comunicacional con comentarios al director. Para identificación de emergentes, las tendencias podrían ser ordenadas por temas económicos, políticos, tecnológicos y/o culturales. Contribuciones adicionales realizadas por otros observadores pueden añadirse a los comentarios.

- El equipo de exploración puede encontrarse sobre una base periódica para examinar las ideas, los desarrollos y las tendencias que surgen a través de su investigación —e identificar los posibles Temas Clave—. El Responsable de Temas Clave puede facilitar una reunión, capturar discusiones y presentar las conclusiones al Comité de Riesgo Comunicacional para su evaluación.

El enfoque más eficaz dependerá de la época y recursos disponibles, la cultura y el estilo operativo de la organización. Para ello es necesario un liderazgo pleno sobre el grupo, estimulándolo, motivándolo y reconociendo sus logros a partir de los elementos tangibles y las recompensas.

Capítulo 6
VALORANDO Y FIJANDO PRIORIDADES

Este capítulo describe cómo valorar y priorizar los Temas Clave o Factores de Riesgo, evaluando su impacto sobre la organización y desarrollando las respuestas apropiadas.

EVALUACIÓN DE LOS TEMAS CLAVE

De la exploración ambiental, la investigación y la observación emergerán muchos Temas Clave que pueden tener un impacto sobre una organización. Cuanto más afinado sea el proceso de exploración, más relevante será la identificación de Temas clave. Algunas organizaciones grandes y diversas cuentan con bases de datos internas y resoluciones políticas que cubren varios temas. Mientras es posible desarrollar las posiciones de la organización sobre muchos Temas Clave, solamente en algunos de ellos (de 3 a 5) valdría la pena invertir el tiempo y los recursos para una campaña más activa que involucre planes de acción y la intervención de los equipos de riesgo comunicacional. Las organizaciones más pequeñas con menores recursos que puedan ser capaces de ocuparse solo de uno.

El Director de Gestión de Riesgo Comunicacional debe concentrarse en aquellos temas que puedan tener el impacto potencial más grande sobre la organización, y deshacerse de los otros o encontrar una medida alternativa para tratar con ellos.

El proceso no es complicado. Involucra algunas cuestiones simples y directas:

¿Cuál es el actual o potencial impacto del tema clave sobre la capacidad de la organización para hacer negocios o sobre su reputación? ¿Alto, regular, bajo?

¿Cuál es la probabilidad de que el impacto ocurra?¿Alta, regular, baja?

¿Cuál es la probabilidad de que impacte?¿Ahora, en los próximos 12 meses, en los próximos 36 meses?

Un Comité de Riesgo Comunicacional es especialmente útil en dirigir esta evaluación subjetiva. El proceso se beneficiará de las diversas experiencias de los líderes organizacionales, profesionales de comunicación, representantes de asuntos legales e institucionales y expertos internos (personas familiarizadas con los Temas Clave y las tendencias subyacentes). El Comité de Riesgo Comunicacional sirve para este propósito. Como una alternativa, por su cuenta, el Dircom o el gestor de riesgo comunicacional puede conseguir contribuciones de líderes de opinión y expertos internos a través de una encuesta, *focus group* o entrevistas mano a mano.

Para facilitar la evaluación, un valor numérico puede ser asignado a cada respuesta. Por ejemplo, en una escala de 1 a 3: 1 para el nivel más bajo, 2 para el nivel medio y 3 para el nivel máximo. Esto le permitirá al gestor de riesgo comunicacional y/o al Comité de Riesgo Comunicacional medir el impacto de cada tema clave y valorar cada uno. El Tema Clave con mayor calificación debería ser candidato para incluirlo en una lista urgente.

MANEJAR LOS TEMAS CLAVE POR ORDEN DE PRIORIDAD

Los Factores de Riesgo más prioritarios son aquellos con mayor e inminente impacto sobre la organización. Ellos requieren una reacción inmediata: el desarrollo de una declaración que resuma la postura organizacional sobre el tema, una evaluación de las preguntas y respuestas probables y un plan de acción para tratarlo.

Los factores de riesgo de prioridad media podrían requerir el desarrollo de una declaración sobre la postura y materiales soportes como, por ejemplo, una serie de respuestas para las preguntas probables. Los planes de acción pueden ser a largo plazo. La única acción indicada podría ser monitorear el tema.

Los factores de riesgo de baja prioridad pueden ser incluidos en una lista para la reexaminación periódica, o dejarlos de lado.

Dar prioridad a un factor de riesgo es un llamado a la conciencia, no una ciencia. Sería beneficioso contar con los mejores pensadores y el más amplio rango de experiencia en la sala de reuniones.

ASIGNAR RESPONSABILIDAD

Aunque un factor de riesgo pueda tener una prioridad alta, tanto por su inmediatez e impacto, hay factores adicionales a considerar antes que la organización decida asumir la responsabilidad para gestionarlo activamente.

Simplemente, la organización podría no tener los recursos o la capacidad para influir en el tema. O podría carecer de la credibilidad para participar eficazmente en el debate. Por ejemplo, una compañía con una historia de contaminación no será el defensor más creíble para impulsar normas de protección medioambiental.

El informe de situación que se expone más abajo fue presentado por un analista de políticas de atención sanitaria al director de una compañía farmacéutica global. El mismo describe cómo el director de riesgo comunicacional, o su comité, puede determinar la manera de afrontar las responsabilidades y conseguir los mejores resultados.

Informe de Situación: Alternativas de Acción

a) La organización toma la iniciativa

Si un factor de riesgo es muy importante para una organización, y esta tiene la capacidad para producir un impacto, es lógico que quiera prever el daño. La organización desarrollará sus informes de posición propios, el equipo de riesgo comunicacional y los planes de acción.

b) Responsabilidades Compartidas

Algunos factores de riesgo podrían ser muy importantes para una organización, pero esta podría tener una escasa capacidad para producir un impacto, debido a falta de tiempo, recursos, o credibilidad. En tal caso, la organización podría identificar a otros que compartan un interés sobre el factor de riesgo y se beneficiarían de compartir recursos. El resultado final podría ser la creación de una red o coalición de organizaciones que compartan información, recursos y presupuesto. Dependiendo de la oportunidad y la importancia del factor de riesgo, la Red o la Coalición podría tener su propio grupo profesional, financiados por las organizaciones miembro.

En otros casos, un factor de riesgo puede ser de moderado interés para una organización, pero podría haber una oportunidad de un mejor impacto debido a sus recursos, posiciones o credibilidad. Tales organizaciones pueden ser útiles para sumarse a la Red o Coalición.

c) La Asociación Comercial toma la iniciativa

Algunos factores de riesgo pueden ubicarse justamente en el medio —una preocupación moderada para la organización y un bajo nivel de capacidad para verse afectado por el mismo—. Frecuentemente, estos son los Temas Claves actuales, pero sin impacto inmediato. En tal caso, la organización y sus semejantes pueden acudir a su asociación o cámara que las represente y se ocupará de realizar el seguimiento del progreso del factor de riesgo, desarrollará informes sobre su posición y montará campañas de comunicación.

Fijar las prioridades y asignar la responsabilidad apropiada para cada factor de riesgo es una clave para el éxito en Gestión de Riesgo Comunicacional. Hoy en día, en la mayoría de las organizaciones, el tiempo y los recursos son limitados. Un buen director de riesgo comunicacional conseguirá que los Actores Clave alcancen un consenso rápido sobre los ítems que requieren atención inmediata e identificará la manera más eficaz de conseguir hacer el trabajo, ya sea a través de la organización o mediante un grupo externo.

Capítulo 7
DESARROLLAR UNA POSICIÓN FRENTE A UN FACTOR DE RIESGO

Este capítulo describe el propósito y utilidad del establecimiento de una posición corporativa frente a un factor de riesgo y el proceso para su aprobación y su puesta en uso.

DESARROLLAR LA POSICIÓN DE LA ORGANIZACIÓN

Antes de que la organización tome cualquier acción, debe determinar su postura frente al factor de riesgo detectado e identificado. ¿Cómo la organización analiza el grado de impacto del factor de riesgo detectado? ¿Qué cosa debería hacer la organización para resolverlo? ¿Cree la organización que tiene responsabilidad por el factor de riesgo detectado o cree que corresponde a otros el debate de política pública?

La posición debe reflejar el consenso de la organización. Un factor de riesgo podría afectar a muchos *stakeholders* diferentes y podría tener muchas consecuencias diferentes para gestión del objetivo de la organización.

La tarea debe ser diseñada por el staff que conocen el posible impacto sobre los *stakeholders* y la organización.

Los cruces funcionales de información que el Comité de Gestión de Riesgo describió con anterioridad proporcionan un foro de debate en el cual las posiciones y las reacciones posibles pueden ser formuladas, discutidas, debatidas y finalizadas. Si el Dircom está funcionando como manager de Factor de Riesgo, él o ella deben poner en marcha los recursos apropiados —las relaciones con gobierno, tecnológicos, legal, expertos, directores de producto— y redactar el borrador de una posición que represente la mejor idea y criterio de la organización.

Una vez terminada, la posición debe ser aprobada por el CEO y la mesa directiva. El CEO debe estar cómodo con la posición tomada porque tiene la responsabilidad final por el rendimiento de la organización. Será al CEO a quien se le pregunte por la posición de la organización en el encuentro anual de los accionistas, en las entrevistas de los medios de comunicación, en sus testimonios frente a los legisladores o reguladores o en una aparición ante una agrupación comunitaria.

LA DECLARACIÓN DE UN FACTOR DE RIESGO

La declaración de la posición corporativa frente a un factor de riesgo es una herramienta que literalmente obtiene la organización para responder ante ese factor. Aunque los formatos de declaraciones de posición varían, generalmente deben contener los siguientes componentes:

- **La descripción los factores de riesgo:** ¿qué factor de riesgo fue identificado?, ¿cómo afecta a los *stakeholders*?, ¿cuál es el curso o potencial estado de desarrollo?

- **Posición corporativa frente a un factor de riesgo identificado:** ¿cuál es la posición de la organización frente al factor de riesgo identificado? ¿Cómo responde la organización? ¿Qué diría del factor de riesgo identificado un portavoz de la organización si le preguntara un periodista, un empleado, un regulador, miembros de la comunidad o grupos de interés?

- Ambas declaraciones deberían ser apropiadas para una distribución interna o externa. Además, el seguimiento de la información es especialmente útil para la alta dirección, el comité de asuntos o el equipo de acción.

- **Background (o conocimiento acumulado sobre el factor de riesgo identificado):** ¿cuáles son los detalles del debate? ¿Cuáles son los hechos involucrados? ¿Quiénes son los jugadores clave? ¿Cuáles son los más recientes acontecimientos?

- **Responsables frente al factor de riesgo identificado:** ¿qué personas en la organización son responsables de dirigir el asunto? ¿Quiénes son los individuos de la organización expertos en este tema especial?

- **Públicos que impactan:** Del mapa de públicos de la compañía, ¿a quién involucra el factor de riesgo identificado?

- **Área que impacta:** ¿a qué área interna involucra el factor de riesgo identificado? ¿Qué área de negocio impacta? ¿Están identificadas las áreas por prioridades en relación a la productividad de la compañía?

BENEFICIOS DE LA DECLARACIÓN PÚBLICA FRENTE AL FACTOR DE RIESGO IDENTIFICADO

Además de servir de un documento de referencia central, la publicación del factor de riesgo identificado puede solicitar decisiones de la dirección y acciones organizacionales. El proceso de ensamblar los hechos, argumentar las implicaciones para la organización, y lidiar con el lenguaje de publicación del factor de riesgo identificado ofrece elementos para fortalecer la posición de la compañía.

Ejemplo de la declaración pública frente al factor de riesgo identificado

Lo siguiente es un ejemplo hipotético del desarrollo del proceso vinculado con una declaración de un factor de riesgo identificado relacionado con el controvertido tema de la privacidad personal en la era digital.

Una compañía de servicios de gestión financiera que provee servicios de banca, seguro, productos y servicios de inversión para personas individuales y clientes corporativos, y posee una amplísima y detallada base de datos sobre sus clientes que incluye edad, ocupación, ganancias, saldos bancarios, historia crediticia; quiere vender más productos y servicios a sus clientes. Para ello planea extraer información de su propia base de datos y de otras bases de datos, luego desarrollar propuestas de publicidad por correo a sus clientes y, con el tiempo y las respuestas del cliente, personalizar el perfil de cada familia del cliente.

El Dircom está preocupado por los planes de la compañía y por cómo pueden ser percibidos por sus clientes. El uso de los datos personales de las instituciones fue un caso reciente y divulgado por el Estado. El Departamento de Transporte fue blanco de ataque de grupos civiles y usar la información para sus planes, por ejemplo, usar información sobre el sistema de peaje electrónico en autopistas, túneles y puentes para estar al día con los movimientos de vehículos titulados y aparentemente ayudar a planear programas de mantenimiento de autopista. Defensores, dicen que no había ninguna restricción del Estado de usar esta información con el propósito de ser vendida a proveedores.

La cobertura reciente de los medios de comunicación ha puesto la privacidad electrónica sobre la agenda pública. El Dircom está preocupado por una llamada de un periodista o de una asociación de consumidores que pregunte por el uso de la base de datos de los clientes de la compañía.

En su rol, cuando el subdirector de la compañía pregunte, el Dircom recomendará que el tema clave de la privacidad del consumidor y las bases de datos sea "un factor de riesgo emergente a tratar" para la próxima reunión de la Mesa Directiva.

En la reunión de la Mesa Directiva, el Dircom presenta la información sobre el factor de riesgo identificado, incluyendo en la contextualización el reciente problema del Departamento de Transporte, las experiencias pasadas de una naturaleza similar en otras compañías, y un sondeo reciente de los datos que apoya el incremento de la preocupación pública sobre el uso de la información personal.

Teniendo en cuenta la naturaleza del asunto, un representante de alto rango del Departamento de Tecnología de la Información es invitado a que participe. El tema de la privacidad del consumidor y las bases de datos generan un debate extensivo sobre su potencial impacto en las operaciones de la compañía de servicios de gestión financiera y sobre como balancean los niveles de preocupación pública y las necesidades legítimas de la empresa.

El producto final de esta discusión inicial —y de la de los funcionarios de línea involucrados— se formaliza a partir de la redacción de un borrador sobre la posición de la institución frente al factor de riesgo comunicacional identificado para su publicación y aprobación por la alta dirección.

UN DOCUMENTO VIVIENTE

La declaración del factor de riesgo comunicacional detectado es una oportunidad para llegar al consenso acerca de cómo abarcarlo. Los factores de riesgo se desarrollan cuando la nueva información es desarrollada, se toma una acción y el debate toma una nueva curva. La declaración puede y deber ser un documento con vida, esto sirve de punto principal para los emergentes que siguen la trayectoria y el proceso de dirección de riesgo comunicacional.

Antiguamente —solo hace algunos años— tales documentos terminaban a menudo en cajones archivadores.

Hoy se puede hacer *back-up* de resguardo de la información compartida, o se pueden usar soluciones de software como bases de datos dedicadas a compartir la información. De no ser por estos pequeños recursos de organización, el sistema sería un sueño imposible.

Con las herramientas tecnológicas disponibles en la actualidad, es posible actualizar los datos, análisis y valoraciones de los factores de riesgo comunicacional identificados. Un factor de riesgo debidamente integrado en un sistema informático diseñado *ad-hoc* puede suministrar enlaces directos a recursos de información externos o internos.

También puede usarse como alarma sobre los desarrollos del factor de riesgo, las modificaciones de posición de las compañías y la comunicación con los diferentes *stakeholders*.

Capítulo 8
DESARROLLAR E IMPLEMENTAR PLANES DE ACCIÓN

Se describe cómo desarrollar e implementar los planes de acción, incluyendo la conformación de un equipo de Gestión de Riesgo Comunicacional, el desarrollo de respuestas, estrategias, tácticas, coordinación, e informes al Comité de Riesgo Comunicacional y a la alta dirección.

EL PLAN DE ACCIÓN: ORGANIZAR LA RESPUESTA

Después de que los factores de riesgo son identificados, el Comité de Riesgo Comunicacional o el Director de Riesgo Comunicacional establecen las prioridades. Algunos factores de riesgo podrían ser urgentes y tener consecuencias muy importantes para la organización. Estos "deben ser" los factores de riesgo que requerirán un Plan de Acción.

El Plan de Acción de Riesgo Comunicacional describe cómo responderá a un factor de riesgo la organización, cómo será implementado el plan, quién es responsable, y cómo será su seguimiento y medición.

El proceso comienza con la designación de un responsable para el factor de riesgo y para la conformación de un equipo que diseñe e implemente el Plan.

El desarrollo del Plan incluye:

- ▶ La postura de la organización sobre el factor de riesgo identificado.
- ▶ La respuesta de la organización para el factor de riesgo identificado.

- El análisis de los *Stakeholders* clave involucrados en el debate o la resolución del factor de riesgo identificado.
- Los objetivos del plan y los resultados esperados para cada *Stakeholder*.
- Las estrategias: cómo la organización responderá al factor de riesgo identificado.
- Las tácticas: qué herramientas y qué técnicas serán utilizadas.
- La implementación de cronogramas, responsabilidades y presupuestos.

DESIGNAR AL RESPONSABLE DEL FACTOR DE RIESGO

Cada factor de riesgo identificado deberá tener uno o más responsables: altos ejecutivos o líderes organizacionales con interés en el Factor de Riesgo.

Por ejemplo, si el factor de riesgo identificado involucra la seguridad del producto, sus responsables podrían ser los Gerentes de comercialización y marketing y el Director de Relaciones con el Cliente. Si el factor involucra el impacto ambiental de una instalación de producción, los potenciales responsables serían el Jefe de Operaciones de Planta y el Director de Desarrollo, Higiene y Seguridad. Si el factor de riesgo identificado afecta a los Empleados de la Compañía, el Gerente de Recursos Humanos puede desempeñarse como el responsable.

Esto es esencial para identificar un alto dirigente como el responsable del factor de riesgo identificado. Él o ella deben tener el poder e influencia dentro de la organización para conformar un Equipo de Gestión de Riesgo Comunicacional interdisciplinario, recoger los recursos para apoyar el esfuerzo, y avanzar en los cambios en la política corporativa o de operaciones, si es necesario.

EL EQUIPO DE GESTIÓN DE RIESGO

El responsable de Gestión de Riesgo Comunicacional debe conformar un equipo dedicado a planificar y coordinar las respuestas de la organización para el factor de riesgo identificado. El tamaño del equipo y la cantidad de miembros dependerá del alcance, complejidad e impacto de este.

Debe incluir a participantes que conozcan el factor de riesgo identificado y a los *Stakeholders* involucrados y que tengan la *expertise* que pueda facilitar el arribo a la solución deseada.

Por ejemplo, un equipo que está tratando un factor de riesgo sobre la seguridad potencial de un producto podría estar conformado por:

- CEO o director general, que es el máximo responsable de la empresa.
- El Gerente de Producto responsable de las ventas y el marketing del producto.
- El Gerente de Calidad quien trata con su fabricación.
- El Gerente de Desarrollo de Productos y Tecnología quien conoce el proceso de desarrollo del producto, sus componentes y cómo funcionan.
- El Dircom que sabe cómo tratar con los *stakeholders* externos, como también con los medios de comunicación.
- El responsable del Área de Atención al Cliente, quien tendrá que manejar las consultas o las quejas de los usuarios del producto.
- El Gerente de Asuntos Legales, quién tendrá que tratar con reclamos que surjan de problemas con el producto.

El responsable del proceso de Gestión de Riesgo Comunicacional puede trabajar con el Comité de Riesgo para identificar a miembros potenciales del equipo sugeridos desde sus unidades de negocios o departamentos de personal. Como alternativa, el responsable del proceso de Gestión de Riesgo Comunicacional podría necesitar trabajar, individualmente, con los líderes de varios sectores organizacionales para identificar a los actores claves de cada grupo.

Además, hoy en día muchas organizaciones están comenzando a catalogar la *expertise* de su gente en bases de datos a las que es posible acceder vía una intranet o una aplicación de software grupal (red interna).

CONSTRUIR LA AGENDA PARA UNA REUNIÓN DE PLANIFICACIÓN

El responsable de la gestión de riesgo podría empezar organizando una reunión de planificación informal para reunir el equipo y comenzar a dar forma a las recomendaciones y al plan de acción, el cuál posteriormente será evaluado y aprobado por el Comité de Riesgo Comunicacional, el CEO o la Alta Dirección.

La agenda para una reunión de planificación podría incluir:

- Las presentaciones de y entre los miembros de equipo y su experiencia/interés relevante en el factor de riesgo identificado.
- Una evaluación del factor de riesgo identificado, la postura y respuestas de la organización. El presentador podría ser el Director de Riesgo Comunicacional o un miembro del grupo involucrado en desarrollar la postura organizacional. Si la descripción, postura y respuestas no han sido todavía desarrolladas, el equipo de Riesgo debería preparar un borrador como parte de su plan de acción.
- El estado del factor de riesgo: definir cuál es la etapa de desarrollo del factor de riesgo, si hay algún evento inminente que impulsen a los *stakeholders* o aceleren la acción, etcétera.
- La identificación y tipificación de los *stakeholders*: qué grupos están involucrados en la discusión o resolución del *Issue* Factor de Riesgo y cuáles son sus actitudes.
- Los objetivos: qué es lo que la organización debe tratar de lograr con los *Stakeholders* Clave.
- Las estrategias: cómo debe la organización reunir sus recursos o alinearse con otros grupos para conseguir la respuesta deseada.
- Las tácticas: qué herramientas y técnicas específicas serán necesarias para implementar las estrategias.
- La medición: ¿cómo será monitoreado y evaluado el trabajo?
- El cronograma, las responsabilidades y presupuesto: en qué marco de tiempo será implementado el plan, por quiénes y a qué costo.

Dependiendo de la oportunidad o la complejidad del factor de riesgo, la agenda podría ser cubierta en un día o tomar dos o más encuentros.

Por ejemplo, en una primera reunión, el equipo de Gestión de Riesgo Comunicacional podría cubrir la agenda productivamente desde las presentaciones hasta la elaboración de respuestas. La segunda reunión puede cubrir las estrategias, las tácticas, el cronograma y las responsabilidades. El presupuesto aproximado puede ser preparado por fuera de los encuentros e incorporado al plan final.

Capítulo 8: Desarrollar e implementar planes de acción

El enfoque de la segmentación de los encuentros puede ser especialmente provechoso si el equipo quiere presentar sus recomendaciones al Comité de Riesgo Comunicacional o a la Alta Dirección antes de afinar los detalles de las líneas de acción propuestas.

Planificación para la reunión

Puede ser muy útil distribuir un *brief* o paquete informativo sobre el factor de riesgo a los miembros del equipo antes del primero encuentro de planificación. El borrador podría incluir:

- Un comunicado del factor de riesgo describiendo al mismo, como así también la postura de la organización frente a él.
- Información de archivo sobre el factor de riesgo: tendencias, datos, implicancias para la organización, algunas acciones no tomadas hasta la fecha, etcétera.
- Investigación sobre las actitudes de los *stakeholders* clave hacia el factor de riesgo, si es que son conocidas.
- Las posturas articuladas y las acciones tomadas por grupos de defensa, la industria, los competidores, etcétera.
- Eventos próximos, como legislaciones pendientes o el lanzamiento de nuevos datos que harán cambiar la visión del factor de riesgo.
- Otros documentos relevantes, como los planes organizacionales, de comunicación o marketing que puedan verse afectados por el factor de riesgo.
- Información biográfica del equipo de factor de riesgo participante y datos de contacto.
- Recursos adicionales: equipos de expertos, consultores externos e información para contactarlos.

Esos documentos constituyen la base para la conformación de un Tablero de Gestión de Riesgo Comunicacional, una referencia que incluye todos los documentos que cualquier miembro del equipo necesite para comprender el factor de riesgo y la postura organizacional ante él. Si alguna información no puede ser reunida o no está disponible con anticipación, adquirirla debería ser una prioridad para el equipo a la salida de la primera reunión. El plan de acción debe ser insertado en el Tablero de Gestión de Riesgo Comunicacional después de que este sea desarrollado.

LA POSTURA FRENTE AL FACTOR DE RIESGO Y LA RESPUESTA

Antes de que el plan de acción pueda ser diseñado, la organización debe determinar su posición y respuesta para el factor de riesgo identificado.

El desarrollo y el contenido sobre la postura organizacional están descriptos en el capítulo 7. La postura debe reflejar el consenso de un grupo de la Alta Dirección y contar con el respaldo del CEO. Lo que el Comité de Riesgo Comunicacional propone es un foro de debate para desarrollar una postura. Como alternativa, la postura podría ser establecida por un equipo de alto nivel político y estratégico, como por ejemplo el Ato Comité Ejecutivo, o ser esbozada por el director y el equipo de riesgo comunicacional conjuntamente con el CEO y la Alta Dirección.

Además de definir su postura sobre el factor de riesgo por adelantado, la organización debe acordar sus respuestas. El tipo y nivel de respuesta definirán los recursos que la organización pondrá a disposición de la acción de Gestión de Riesgo Comunicacional a implementar.

Los pioneros en *Issues Management*, W. Howard Chase y Barrie Jones, describieron tres posibles respuestas para un factor de riesgo: reactivo, adaptable y dinámico:

Reactivo

La organización en un modo reactivo decide que no va a cambiar su política, procedimientos, prácticas o productos en respuesta a un factor de riesgo y a su vez tratan de posponer una decisión de política pública. Este enfoque es comúnmente utilizado y a menudo efectivo.

Sin embargo, es importante recordar que un enfoque reactivo produce una postergación en lugar de una victoria definitiva. Por ejemplo, muchas compañías tienen vedado el uso de internet libre a sus empleados y prohibido que estos, si tienen un blog o pertenecen a alguna red social, nombre o difundan información sobre la empresa, cualquiera sea la prioridad de la información. En vez de desarrollar políticas activas y transparentes que minimicen los factores de riesgo.

Adaptable

En el enfoque adaptable, la organización toma la iniciativa abordando el factor de riesgo y hace los cambios en sus políticas, procedimientos, prácticas o productos antes de que los nuevos estándares sean definidos por otros canales e impuestos por ley.

La organización consigue crédito para ejercitar el liderazgo y podría ser capaz de instituir un cambio sobre una base más favorable que si los términos hubieran sido definidos por extraños. Las compañías pioneras en la extensión entre sus empleados de los beneficios de seguro familiar para parejas que no han formalizado el matrimonio o parejas del mismo sexo ejemplifican el enfoque adaptable.

Dinámico

En la respuesta dinámica, la organización realiza una simulación de cómo se desarrollará un factor de riesgo: a qué defensores atraerá, cuáles son los argumentos y contra argumentos probables y qué solución de consenso tendría mayores probabilidades de ser aceptada por la organización y la sociedad. Luego, la organización puede liderar la manera de articular el factor de riesgo y una solución posible, atraer defensores y construir apoyo público para obtener el resultado deseado.

Buscar factores de riesgo en curso o en su etapa latente es un requisito esencial para las respuestas adaptables o dinámicas. La organización debe interceptar el factor de riesgo antes de que sea perfilado en el debate. Por su naturaleza, estas respuestas requieren la previsión, el ejercicio del liderazgo y la asunción de riesgos.

Preguntas clave para determinar las respuestas

En el desarrollo de una respuesta, el equipo de gestión de riesgo deberá evaluar específicamente cómo afectará el factor de riesgo a la organización y qué escenarios alternativos se pueden suceder dependiendo de las diferentes acciones debatidas por la organización y otros *stakeholders*.

Las siguientes son preguntas orientadoras para la evaluación y respuesta a un factor de riesgo y el cambio potencial que esto trae a las formas organizacionales de hacer negocios:

- ▶ ¿Cuán importantes son los cambios para la organización?
- ▶ ¿Qué más necesitamos saber para conocer sobre ellos (detalles) para evaluar los impactos?
- ▶ ¿Qué podemos o deberíamos estar haciendo con los cambios (prioridades y planes de acción)?
- ▶ ¿Deberíamos encarar acciones normativas por razones beneficiosas o políticas?

> ¿Deberíamos tomar acciones técnicas para la adaptación al cambio (nuevos enfoques, nuevas tecnologías) o deberíamos vivir con el cambio?

Adicionalmente, hay muchas maneras en que un factor de riesgo puede desarrollarse sobre la base de las acciones que la organización podría elegir tomar. El equipo de gestión de riesgo puede pensar escenarios alternativos. En cuanto a las preguntas en este punto sugerimos:

> ¿Qué puede cambiar el desarrollo y la solución del factor de riesgo?

> ¿Cómo puede cambiar y qué podría precipitar un cambio en la actitud hacia el factor de riesgo entre los *stakeholders*, responsables de formular políticas, y entre los Líderes o Reguladores electos?

> ¿Cuál sería el impacto de los desarrollos tecnológicos o los nuevos conocimientos sobre la situación?

> Dado estos factores, ¿cuál es el factor de riesgo más propenso a cambiar?

> Finalmente, y más importante, ¿qué impacto puede tener en la organización?

Después de determinar los escenarios, el equipo de gestión de riesgo puede estimar el costo potencial de cada escenario para la organización (en términos de recursos, fondos y reputación). Este análisis debería apuntar a la organización hacia su resultado deseado: aquel que maximice los beneficios y minimice los costos potenciales.

IDENTIFICACIÓN Y CLASIFICACIÓN DE *STAKEHOLDERS*

Un factor de riesgo con frecuencia representa una brecha entre las percepciones y valores de los *stakeholders* y los valores y el rendimiento o comportamiento de la organización. El análisis de los *stakeholders* es un componente crítico del desarrollo del plan de acción. Varios *stakeholders* deberían ser estudiados y clasificados según su actitud e importancia: quién está por la posición de la organización, quién está en contra, quién está indeciso; quién es más o menos influenciable en el debate.

Un factor de riesgo de calidad de producto, por ejemplo, tiene implicancias para muchos *stakeholders*:

- **Los Clientes:** estarán interesados si surgen cuestiones sobre la calidad y podrían pedir productos alternativos, retiradas del mercado, etcétera.

- **Los Empleados:** podrían ver perspectivas negativas para sus puestos si las ventas de producto descienden; moralmente podrían sentirse afectados por los ataques sobre la reputación de la compañía.

- **Los Accionistas:** tienen un interés financiero en la compañía; la caída de las ventas de producto podría afectar sus ingresos y reducir el valor de su inversión.

- **Los *stakeholders*:** como organizaciones del consumidor o grupos de usuarios impulsan soluciones, las cuáles podrían ser llamados de atención para reformular o rediseñar el producto tomando como punto de partida las advertencias de los consumidores de demandar la retirada de circulación.

- **Los Funcionarios Electos:** podrían llegar a estar involucrados si el factor de riesgo adquiere visibilidad en los medios de comunicación o los votantes o los grupos de influencia ejercen presión para la acción. Ellos podrán perseguir la legislación para regular la forma en que el producto es fabricado y vendido, o generar mayor atención para el factor de riesgo del que se tratare.

- **Reguladores**: saturados con la protección al usuario podrían autorizar que la compañía se ocupe de la dirección del proceso de Gestión de Riesgo Comunicacional.

- **Medios de Comunicación:** tratarán de proteger el interés público y educarán o informarán a sus lectores acerca del factor de riesgo. Expondrán las posturas de todas las partes involucradas en el debate y alguna vía (si es que existe) para arribar a una posición de consenso. La respuesta de los medios mostrará cuántos *stakeholders* ven la cuestión.

El equipo de gestión de riesgo deberá clasificar a los *stakeholders* en orden de importancia. Esto proveerá prioridades y focalizar en los pasos de acción. Por ejemplo, consumidores, reguladores, los medios de comunicación y grupos especiales de interés son *stakeholders* clave en un factor de riesgo de seguridad de producto.

DEFINICIÓN DE OBJETIVOS

La postura y la reacción de la organización respecto al factor de riesgo guiarán la definición de objetivos para cada *stakeholder* crítico.

En el caso de un factor de riesgo de calidad de producto, los objetivos podrían ser:

- **Consumidores:** mantener la percepción de que el producto es eficaz y seguro, proteger la reputación de la organización como un fabricante confiable de productos de calidad.

- **Reguladores:** obtener el respaldo normativo de que el producto se ajusta o excede todos los estándares de calidad.

- **Grupos de Interés:** evitar las llamadas por devolución de productos; obtener el respaldo y recomendación de importantes grupos de usuarios del producto.

- **Medios de Comunicación:** defender enérgicamente el producto y asegurar que la postura de la organización esté incluida en las coberturas periodísticas.

Los objetivos deben ser medibles y específicos. Esto puede requerir de una investigación inicial; por ejemplo, los sondeos de opinión para determinar qué creen los consumidores sobre la seguridad del producto ahora, o el análisis de contenido de la cobertura periodística en curso para tener una idea de cómo el factor de riesgo y la postura organizacional están siendo mostrados actualmente. El equipo de Gestión de Riesgo puede discutir luego las metas, por ejemplo, destacar la postura de la organización en la mayoría de las coberturas mediáticas del Factor de Riesgo identificado y en operación.

SELECCIÓN DE ESTRATEGIA

La selección de estrategias específicas, estarán guiadas por las respuestas de la organización, su análisis de sus propias fortalezas y debilidades sobre el *Issue* Factor de Riesgo y cómo prioriza a sus *stakeholders*.

Por ejemplo, una organización podría descubrir que carece de la credibilidad para promover su postura dado un comportamiento anterior o la negativa percepción pública. Su estrategia, en este caso, podría incluir alinearse con terceros como grupos de defensa quienes pueden tomar la delantera en el debate. O una organización podría decidir cambiar su comportamiento en respuesta a un factor de riesgo, pero podría querer hacerlo ganando tiempo como también escalonando los costos en un plazo más largo. En este caso, la organización podría ejercer una estrategia en la que coincide con los *stakeholders* sobre la necesidad de cambiar, pero identifica brechas en los conocimientos en curso que requerirán investigación adicional antes de que el cambio sea implementado.

En muchas situaciones, la organización no necesariamente tiene que adaptarse en respuesta a las demandas de los *stakeholders*. Para ello existen varias alternativas estrategias, entre ellas:

Anticipación

La organización puede anticiparse al factor de riesgo antes de que este emerja, previéndolo en etapas tempranas e instituir las soluciones antes de que los grupos de interés hagan las demandas.

Cooperación

La organización puede neutralizar a los actuales o potenciales adversarios sobre el factor de riesgo, suavizando las demandas de los *stakeholders* iniciando un diálogo y permitiendo que estos grupos provean *inputs* a los desarrollos de solución de la compañía. Tales diálogos deberían ser incorporados en las etapas de emergencia de un factor de riesgo. Convertir a adversarios intransigentes a la causa de la organización, o incluso invitarlos a cooperar, consume tiempo y es realmente difícil una vez que los puntos de conflictos están delineados.

Joint Venturing

En este enfoque, la organización acepta un límite sobre su poder en la toma de decisiones y encara acciones de riesgo compartidos (*Joint Venturing*) con sus *stakeholders* para explorar soluciones a los temas de preocupación social. La firma ejercita el dominio en tratar con el factor de riesgo y consulta exhaustivamente con otros grupos.

Confrontación

En algunas situaciones, la organización podría decidir participar en la confrontación porque las soluciones propuestas para el factor de riesgo son demasiado costosas para ella.

PASOS DE ACCIÓN

Dependiendo de la naturaleza del factor de riesgo y la reacción elegida, los pasos de acción pueden incluir:

- ▶ Dirigir una campaña de comunicación para instruir a los *stakeholders* sobre la performance actual de la organización y sobre el factor de riesgo para cerrar las brechas perceptivas. Las actividades de comunicación usan el rango completo de información y herramientas de persuasión.

- ▶ Construir una coalición con otras organizaciones o *stakeholders* para desarrollar una propuesta de solución, un fondo común de recursos, coordinar actividades, y amplios soportes comunicacionales para la postura.

- ▶ Recurrir a *lobbyistas* que transmitan la postura de la organización a legisladores, reguladores y sus equipos.

- ▶ Movilizando apoyos para la postura de la organización desde las bases: por ejemplo, capacitando a los empleados de la organización sobre la importancia del factor de riesgo para ellos y animándolos a hablar con amigos y vecinos, escribir cartas alentadoras al editor, conocer o escribir a sus líderes electos y hacer conocidas sus opiniones.

- ▶ Rediseñar un producto o desarrollar nuevas políticas y procedimientos para que la organización pueda adaptarse a nuevas o emergentes expectativas de los *stakeholders*.

MEDICIÓN

El plan debe incluir la medición de cómo este está consiguiendo sus objetivos con los grupos clave de *stakeholders*. Otra vez esto dependerá de la naturaleza de reacción del factor de riesgo.

Una organización en el modo reactivo podría usar herramientas como sondeos, *focus group* y análisis de la cobertura periodística actual para estar al día de cómo está avanzando el debate, cómo se están desarrollando o solidificando las actitudes de los *stakeholders*, y usar esa información para refinar su postura, estructurar los mensajes más fuertes, y atraer apoyos para su postura.

Una organización en el modo adaptable, que trata de hacer los cambios en los avances del Factor de Riesgo, puede usar herramientas adicionales como la consulta con *stakeholders* para determinar sus reacciones. Una organización que persiga la reacción dinámica se servirá de la investigación para identificar los puntos de venta clave para su posición de manera que estos resuenen con los *stakeholders*, luego evaluará esos mensajes con sus públicos. Una vez que el programa es implementado, la organización puede realizar un seguimiento de cómo están siendo recibidos y poner a punto sus tácticas cuando sea necesario.

CRONOGRAMA, RESPONSABILIDADES Y PRESUPUESTO

Con las tácticas desarrolladas, el equipo deberá determinar: el cronograma, qué individuos o departamentos serán responsables de la implementación y los presupuestos.

El equipo de gestión de riesgo deberá observar dónde su trabajo coincide con otros comités permanentes o equipos operativos. Por ejemplo, si el factor de riesgo involucra un tema ambiental, el equipo debe coordinar su trabajo con el comité permanente de medioambiente, salud y seguridad. Esas conexiones pueden ser consumadas teniendo miembros de los comités permanentes como miembros del equipo de gestión de riesgo.

Capítulo 9
ANÁLISIS Y PROCESAMIENTO DE INFORMACIÓN CLAVE

Este capítulo hace foco en las herramientas de medición y evaluación que pueden ser usadas para monitorear y agrupar el desarrollo de las discusiones de los factores de riesgo como los *feedbacks* dentro del proceso Gestión de Riesgo Comunicacional.

ANÁLISIS DE NOTICIAS E INFORMACIÓN

La observación de Temas Clave se enfoca en los posibles factores de riesgo y los ya identificados. Se perciben a partir de tormentas de ideas, en eventos y tendencias. Analizar noticias e información y determinar su impacto sobre el desarrollo de un tema y la respuesta de la organización implican un enfoque metódico.

¿Cuándo se observan los factores de riesgo?

Los estudios de opinión pública, como las encuestas, *focus groups* y paneles de expertos son usados para decidir las actitudes de los diferentes grupos de presión sobre factores de riesgo particulares, testeando diferentes respuestas y reacciones a los cambios de actitudes de los grupos de presión, al recibir estos nuevas informaciones sobre los Temas Clave

La observación de la cobertura periodística sobre un factor de riesgo ayuda para saber el nivel de interés público, cuál es el tema más influyente, el más publicado y la eficacia de las organizaciones defensoras de estos temas en los medios de comunicación.

La observación de los sitios web y los debates *on-line* que involucran un factor de riesgo pueden ayudar a determinar varias cuestiones: las opiniones de grupos de defensa diferentes, cómo los temas que están siendo debatidos pueden proponer soluciones diferentes, y como los nuevos argumentos están apareciendo en los márgenes de la opinión pública.

El desarrollo de la legislación puede ser monitoreado a través de la cobertura periodística y en los sitios webs del gobierno. Estar al día con servicios de *clippling* ayuda para estar al tanto de las propuestas de legislación o acciones de regulación y reuniones con personal legislativo.

OPINIÓN PÚBLICA

Sondeo

La organización puede usar el sondeo para determinar las actitudes públicas hacia un asunto especial.

La información recogida vía las encuestas de opinión pública es muy útil para ser usada tanto en el planeamiento como en la comunicación de un factor de riesgo. La actividad de opinión pública lleva a estructurar un cuestionario, se dirige a un *target* simple, conduce entrevistas y analiza los resultados.

Al desarrollar una campaña de comunicación, el director de gestión de riesgo puede mirar encuestas como punto de partida para determinar qué grupos están en línea con la posición de la organización y quienes están en contra.

Con el punto de partida establecido, el director de gestión de riesgo puede estar al día con el desarrollo de las actitudes, con el tiempo de respuesta a las acciones de la organización con las acciones de sus adversarios y el impacto de su campaña de comunicación.

Focus Group

Esta técnica provee información cualitativa desde diferente *stakeholders* sobre los factores de riesgo y la respuesta de la organización. Los grupos están representados por *stakeholders* claves. Por ejemplo, si el asunto involucra los productos de la organización o sus servicios, diferentes grupos de clientes pueden participar en la investigación. En el caso que el Factor de Riesgo involucre al relacionamiento de la organización con su comunidad, el enfoque podría estar organizado por grupos demográficos diferentes.

La discusión de grupo de enfoque ayuda a investigar las actitudes y la conciencia de un Factor de Riesgo y explorar visualizaciones que en otras encuestas no son posibles. Grupos de enfoque también pueden ser usados para probar el mensaje. Los directores de gestión de riesgo pueden presentar propuestas acercarse de forma diferente y obtener un *feedback* con el mensaje más efectivo.

Es recomendable grabar en video las discusiones que se dan en los *focus group* para que luego puedan ser observadas por representantes de la organización. Las opiniones, puntos de vista y actitudes sobre un factor de riesgo —o la organización involucrada— expresadas por personas legítimas, en vez de una impresión de encuesta, puede ayudar a que las preocupaciones de los *stakeholders* se perciban más legítimas para la alta dirección y así involucrar a otros para resolver el problema.

Paneles

Los paneles de opinión son esencialmente un grupo de enfoque en curso. Representa una muestra de la audiencia que es convocada periódicamente para hablar de sus opiniones sobre un asunto y de la respuesta de la organización, y sobre como cambió esta a lo largo de las reuniones.

Los paneles pueden ser útiles para determinar las fuentes de la información que usan los participantes sobre el asunto. Cuáles son sus argumentos y qué nuevos desarrollos están llamando su atención.

Los paneles pueden ser organizados con clientes, empleados, inversionistas, miembros de la comunidad, o algún otro grupo de presión. Por ejemplo, una fábrica podría establecer un grupo de advertencia de comunidad, un corte transversal de jefes de comunidad y representantes quiénes encuentran una base regular de discusión con la dirección del área de medio ambiente, comunidad y negocios. Estos foros de debate otorgan medios para que la organización escuche a su comunidad y pueda ajustar su colaboración.

OBSERVACIÓN DE LOS MEDIOS DE COMUNICACIÓN[1]

La observación de noticias en las coberturas periodísticas sobre un factor de riesgo y su desarrollo puede ser conducida de muchas maneras.

Recorte en la empresa

En el nivel más simple, un lector en la empresa —un miembro del departamento de comunicación, por ejemplo— escanea el interés general,

---

1 Recordamos que para una mejor observación de las noticias en los medios de comunicación masiva es imprescindible contar con una matriz que oriente la búsqueda de temas. Esto enfocará mejor la atención en los posibles *Issues*.

la empresa, y las publicaciones de comercio, y el servicio del cable noticioso. Presenta artículos de interés, los pega, y los hace circular en un diario o informe semanal para la alta dirección, miembros de la función de comunicación y otros. Esta observación puede ser aumentada por otros lectores voluntarios. La acción de "corte y pega" tradicional es efectiva cuando toma las menciones de la organización en medios de comunicación muy importantes, y cuando se observan nuevos ángulos que hacen emerger factores de riesgo u opiniones al margen.

Servicios de observación

Un paso más en la observación puede darse con la contratación de un servicio de *clipping* para monitorear el asunto y las menciones relacionadas en la cobertura periodística. Estos servicios emplean redes de lectores entrenados para buscar las menciones en la cobertura periodística sobre la base de palabras claves suministradas por el cliente. Estos servicios extienden el alcance del factor de riesgo monitoreando en miles de periódicos diarios, agencias de noticias, radio y televisión.

Los servicios de observación de medios de comunicación abundan. En estos tiempos de internet, haber escogido un ciclo de noticias de 24 horas, con emisiones de noticias en tiempo real, no determina en nada el éxito del proceso.

El asunto está en saber elegir las palabras claves y los parámetros de búsqueda, y poder reflexionar sobre estas para reenfocar la búsqueda sobre los resultados que llegan.

Análisis del contenido

Para determinar cómo el asunto se está desarrollando —y cómo está siendo cubierto en los medios de comunicación— el director de Gestión de Riesgo puede pasar al próximo paso y analizar el contenido y las tendencias.

Muchos directores y comunicadores hacen su propio análisis "intuitivo"—informal— cuando examinan la información que se produce en su organización en particular y los medios de comunicación en general.

Lo recomendable es llevar adelante un proceso de Análisis de Contenido profesional, ya que esta técnica involucra una importante batería de herramientas y procedimientos para la interpretación cualitativa y cuantitativa de producciones comunicacionales: mensajes, textos, discursos, noticias, etc., ya que se trata de la obtención de insumos clave para el proceso de gestión de riesgo.

MONITOREAR SITIOS WEB, BLOGS Y REDES SOCIALES

La Internet y los servicios *on-line* son un origen de información y un espacio donde las ideas son debatidas en tiempo real y los Dircom pueden descubrir puntos de vista sobre un asunto público. Buscar las ideas y escuchar de forma selectiva, participar en la conversación en el ciberespacio es una parte necesaria del trabajo de director de gestión de riesgo.

Teniendo en cuenta el volumen de la información disponible — millones de páginas web y miles de grupos de noticias con una cantidad de documentos que se añaden todos los días— el desafío es gestionar esa información.

Por otra parte, la nueva arquitectura 2.0 y 3.0 cambió el modo en que las empresas y los consumidores se relacionan. Son espacios donde la gente habla indefinidamente sobre todos los temas. La transparencia y la credibilidad son dos activos que se ponen en discusión constantemente.

Los *social media* (blogs y redes sociales) son también un punto importante para considerar. Se estima que los blogs se duplican en cantidad cada cinco meses. La blogosfera es un espacio que las marcas consideran para dar visibilidad a sus productos. Por ello deben tener especial cuidado. La posibilidad que ofrecen estos sitios 2.0 es bidireccional y supone que los consumidores, ahora llamados *"prosumer"* (consumidores y productores de información) pueden dañar la marca con sus comentarios o demandas. Con una alta capacidad para formar opinión y una excelente performance para el relacionamiento uno a uno, los blogs y las redes sociales se presentan como un nuevo espacio para observar.

Según la empresa auditora de medios Infoxel, el 82% de los blogs tienen presencia de marcas, aunque en los medios tradicionales el porcentaje sigue siendo mayor.

Las redes sociales como facebook, Linkedin y Sónico son espacios con características especiales, y un excelente lugar para captar información sobre el consumidor.

Algunas recomendaciones para el monitoreo de las herramientas webs son:

> ▶ Para estar al día con los negocios y los asuntos estratégicos debe concentrarse la atención en los sitios web de la competencia y de las asociaciones profesionales y empresariales. Por ejemplo, La Asociación de Distribuidores de Gas, provee noticias sobre las tendencias y los asuntos de interés de sus miembros, como también suministra encuestas y documentos.

- Para estar al día con las noticias sobre un tema se puede incrementar la búsqueda vía sitios webs de los mejores medios de comunicación.

- Los asuntos que involucran productos, servicios y prácticas, se pueden buscar en los sitios de defensa del consumidor, blogs especializados o en comentarios en los medios de comunicación masiva *on-line*, que publican las frustraciones individuales sobre un producto, institución o compañía.

- Esos sitios incluyen el nombre de la compañía o una variante que lo identifica.

- Diferentes grupos de presión, desde una punta del espectro político hacia el otro, tienen sitios Web que contienen posiciones sobre asuntos públicos, noticias relacionadas, casos de estudios y vinculaciones a otros grupos. Hoy grandes sitios poseen directorios propios y links a sitios con materiales originales y funcionales para usuarios de internet. *Nodo50*, un sitio español de una organización orientada a contrainformar sobre las noticias publicadas en los medios masivos, puede resultar de utilidad para observar las informaciones desde otro punto de vista.

- Declaraciones de política gubernamental, las visiones de los líderes elegidos, las agencias de gobierno, la legislación propuesta y acciones regulatorias pueden ser seguidas al día a través de blogs, sitios web desarrollados por secciones varias y agencias de gobierno.

Además, existen muchos otros grupos de noticias que cubren casi todos los temas políticos, de interés social, recreativo, filosófico y científico.

Los grupos de noticias son un lugar de escucha para las nuevas ideas, las opiniones y los asuntos. Los grupos de noticias pueden estar al día con sitios web de grupos de presión importantes, pero hacer caso omiso de sitios "solitarios".

Para estar al corriente de lo que se habla en los blogs, pueden monitorearse los pertinentes a un tema y analizar las tendencias. Mantener una relación fluida con el público involucrado para conocer sus demandas y expectativas. Investigue los volúmenes de *buzz* de los sitios para saber cuál es el más visitado por los usuarios. Al respecto la empresa brasilera *E-live*, representada en la Argentina por Federico Rey Lennon, se dedica a investigar lo que se habla en los blogs desarrollando análisis que determinan la reputación, credibilidad y transparencia de las compañías en la web.

OBSERVACIÓN LEGISLATIVA

La mayoría de los debates de política pública culminan dándole forma a la nueva legislación y reforzando las regulaciones. Por lo tanto, muchos asuntos son trabajados por los directores con el gobierno y la dirección de asuntos que suelen estar al día con el desarrollo de la legislación.

La observación legislativa y regulatoria puede ser dirigida de varias maneras, con bases de datos, por monitoreos clave de sitios webs, estando al día con los temas y los programas para el público, los períodos de comentarios de los reguladores y otros métodos remotos.

Además, la información puede ser recogida a través de reuniones con personal legislativo y reguladores, que brindan la oportunidad para un intercambio. La gestión de los *lobbys* también es una práctica oportuna para el intercambio de información e influencia en la tendencia de los factores de riesgo.

En la observación de las tendencias legislativas, se puede observar más allá de la jurisdicción de la organización. El concepto de jurisdicciones conductoras ha sido desarrollado por varios futurólogos y pensadores, como John Naisbitt, futurista y escritor de *Megatrends*, y Graham Molitor, un experto de política pública.

Esta categoría sirve para observar tendencias o desarrollos de Temas Clave en territorios identificados con una historia fuerte sobre un factor de riesgo particular. También se los puede denominar *clusters*.

INFORMAR SOBRE LA INFORMACIÓN

Hay varias técnicas que se usan comúnmente en el círculo de información de los responsables de tomar las decisiones en las organizaciones, directores de asuntos o equipos.

- ▶ Resultados de la investigación en la opinión pública sobre el asunto, como encuestas y grupos de enfoque, que deben ser parte de las actualizaciones de los informes de las reuniones de comité, tanto individuales como grupales.

- ▶ La cobertura periodística puede ser montada en informes de fragmentos diarios o semanales, organizado por tema de publicación, y en informes analíticos de periódicos de tendencias en la cobertura periodística.

- ▶ Sitios web. Como medios de difusión o grupos de defensa, tanto como los encargados de temas de noticias digitales, que pueden ser conectados directamente al área de publicación de la intranet de la organización.

▶ Los desarrollos legislativos y las tendencias son resumidos típicamente en una revista mensual breve para el personal de relaciones con el gobierno y la alta dirección y en toras para las personas responsables de adoptar decisiones en la organización, con las actualizaciones más frecuentes. La información en línea que los sistemas como la intranet de la organización, proveen, son medios muy eficaces para organizar y distribuir el asunto cuando se actualiza. Como se describió en el capítulo 7, la publicación de los asuntos *on-line* se pueden adjuntar a *feeds* electrónicos, con enlaces a otros sitios webs de aliados o adversarios de la organización.

INTRODUCIR INFORMACIÓN DE RESPALDO EN LOS PROCESOS DE GESTIÓN DE RIESGO COMUNICACIONAL

La inteligencia que se reunió a través de la observación y análisis del factor de riesgo puede ser guardada como respaldo y como base para el proceso de Gestión de Riesgo Comunicacional. El director de gestión de riesgo puede monitorear el progreso del Factor de Riesgo para valorar la respuesta de la organización, buscar los cambios del asunto y su velocidad de modificación.

El reporte debe ser enviado al comité de gestión de riesgo o al CEO, con la recomendación de cómo debe tratarse el asunto y qué dirección tomar.

La nueva información puede indicar que la organización tiene que modificar su respuesta, moverse de la observación o activarse, por ejemplo, si la cobertura periodística demuestra interés público por su desarrollo. Un cambio en la estrategia de comunicación puede ser requerido si la organización no promueve su posición en los grupos de presión.

Una vez iniciado, la dirección de gestión de riesgo debe hacer un proceso ininterrumpido —bucle—. Un asunto es identificado y priorizado, la posición y la respuesta son desarrolladas, el plan de acción es diseñado e implementado, el asunto y la respuesta de la organización son debidamente seguidos y analizados.

La nueva información y los resultados son tomados y valorados, el estado del factor de riesgo es comparado con los nuevos factores de riesgo explorados, las prioridades son reconsideradas, si necesario, y el proceso continúa.

Capítulo 10
CONSEJOS PARA UNA GESTIÓN DE RIESGO EXITOSA

A modo de síntesis y repaso general de lo expuesto en este capítulo, queremos proporcionar una guía práctica para la Gestión de Riesgo Comunicacional donde los comunicadores puedan encontrar un proceso dinámico y abierto para prever e influir en el cambio.

EL PORQUÉ DE LA GRC

La Gestión de Riesgo Comunicacional ofrece claras ventajas a la organización y al comunicador empresarial. Hace posible vincular la estrategia y planificación de la organización con la función de comunicación, para beneficio mutuo de ambas disciplinas. La Gestión de Riesgo Comunicacional también puede ayudar a la organización a anticipar brechas o quiebres reales o percibidos entre su promesa corporativa y las expectativas de sus *stakeholders*, y realizar los ajustes necesarios antes de que estas brechas desemboquen en crisis.

Aún los programas de Gestión de Riesgo Comunicacional iniciados con grandiosos alborotos con frecuencia se marchitan en el tiempo por la falta de interés, recursos inadecuados, objetivos excesivamente ambiciosos, o bajo valor percibido para la organización. Aquí se describen algunos de los problemas más comunes y las soluciones más probadas a la hora de crear un proceso sostenible de Gestión de Riesgo Comunicacional.

CONSERVE LA SIMPLEZA

La Gestión de Riesgo Comunicacional no necesita ser complicada, costosa ni consumir demasiado tiempo. Reduciéndolo a lo básico, el proceso de gestión involucra seis pasos:

- Identificar y clasificar los temas clave
- Fijar prioridades
- Valorar los Factores de Riesgo
- Desarrollar posturas y respuestas (o reacciones)
- Implementar la acción
- Medir los resultados

Los primeros tres pasos pueden ser logrados en un encuentro de trabajo de un día, el mismo debe reunir a los actores clave de la organización que tengan la experiencia para identificar los temas clave y para debatir posturas y respuestas alternativas. Esta reunión puede servir para iniciar el proceso, genere e incremente el interés, dentro de un compromiso razonable del tiempo de gestión. La síntesis ejecutiva de la reunión podría contener algunos de los siguientes ítems:

- **Presentación** del rol de la Gestión de Riesgo Comunicacional; los objetivos o metas del día (identificar los temas clave y desarrollar posturas/respuestas);
- **Análisis de tendencias** sociales, económicas, tecnológicas, entre otras que afecten a la organización o su industria (presentación por un experto industrial o un profesional del campo de los estudios del futuro);
- **Identificación de Factores de Riesgo** actuales y potenciales y valoración de la vulnerabilidad organizacional en cada discusión grupal;
- **Clasificación** según la importancia para la organización, de los factores de riesgo actuales y potenciales (Votación Individual, luego, discusión de puntajes y alcance de consenso sobre las prioridades);
- **Desarrollo de posturas y respuestas** o reacciones (si hay suficientes participantes, considerar segmentar la reunión para que cada pequeño grupo idee una postura y una respuesta);
- **Discusión Grupal** sobre posturas, reacciones y próximos pasos;

Las posturas y respuestas, una vez aprobadas por la Alta Dirección, pueden ser suministradas (de hecho, es necesario que se haga) a los equipos de gestión de riesgo actuales y potenciales para el desarrollo y la puesta en práctica de los planes de acción.

CONCÉNTRESE EN LOS TEMAS CLAVE CON RELEVANCIA E IMPACTO PARA LA ORGANIZACIÓN

Realizar un seguimiento de las tendencias que pueden afectar a la organización en el largo plazo, tramar los resultados alternativos e involucrarse en la condición de los Temas Claves emergentes es un trabajo interesante y, a veces, excitante. Sin embargo, sin un enfoque fuerte sobre los Temas Clave que importan a la organización, con el tiempo será difícil sostener el esfuerzo.

Mientras mayor sea la capacidad de anticipación por parte de la organización para monitorear los temas clave emergentes, mayor será la posibilidad para cambiar el curso. Un claro ejemplo es el de grandes organizaciones como *Royal Dutch Shell* o *General Motors*, con inversiones enormes en peligro, decidieron explorar futuros escenarios alternativos como parte de un proceso estratégico de planificación a largo plazo. Mientras esos monitoreos organizacionales siguen adelante, ellos permanecen enfocados en sus negocios; por ejemplo, *GM* se enfoca en los impactos socioeconómicos, políticos, ecológicos y en los desarrollos tecnológicos en el futuro del transporte y los tipos de productos que la compañía podría desarrollar en respuesta a los mismos.

Durante los procesos de observación y seguimientos, surgirán factores de riesgo que, si bien son interesantes, no son inmediatamente relevantes, o se encuentran más allá de la habilidad de la organización para influir en ellos en alguna forma significativa. El Director de Gestión de Riesgo exitoso se concentrará en aquellos Temas Clave que tengan un impacto en curso o potencial sobre la reputación de la organización o su capacidad para alcanzar sus metas.

Una campaña de seguimiento de Temas Clave que se extienda a través de las tendencias sociales, económicas, políticas, y tecnológicas podría generar docenas de Temas Clave que involucren, directa e indirectamente, a la organización. Mientras tanto, podría ser prudente desarrollar un "discurso de espera" sobre muchas de esas cuestiones; el número a ser trabajado activamente depende de los recursos disponibles y las prioridades de la organización. Objetivamente hablando, las grandes organizaciones podrían ser capaces de trabajar activamente entre tres (3) y cinco (5) Temas Clave a la vez; las organizaciones más pequeñas podrían ser capaces de manejar uno (1) o dos (2) Temas Clave de próximo impacto.

UTILICE UN COMITÉ O EQUIPO DE GESTIÓN DE RIESGO MULTIFUNCIONAL

El departamento de comunicación puede, y a menudo lo hace, dirigir el proceso de Gestión de Riesgo Comunicacional. Sin embargo, la campaña se beneficiará enormemente del uso de un Comité o un equipo de Riesgo Comunicacional convocado entre los directores y expertos de toda la organización en su conjunto. Las ventajas de esta multifuncionalidad incluyen:

- Un importante número de personas involucradas en el seguimiento de temas clave enriqueciendo el alcance de la campaña.

- Un grupo más amplio involucrado en debatir el factor de riesgo y desarrollar la posición y la reacción, asegurando que el resultado refleje el consenso de la organización y se utilicen mejor los recursos que dispone cada área involucrada.

- Una incrementada capacidad para coordinar la respuesta del conjunto de la organización por tener a los actores claves en el comité o el equipo.

- Una enorme diversidad de experiencias y *expertise* para asegurar que la respuesta al factor de riesgo incluye todo aquello que fue mejor elaborado por y desde la organización.

- Una mejor administración de la información que ingresa a la organización sobre los factores de riesgo.

Así, un grupo existente como también un Comité Ejecutivo, Consejos Políticos o un Comité de Comunicación, podría tomar la Gestión de Riesgo Comunicacional como parte de sus funciones. No es estrictamente necesario establecer un nuevo Comité de Riesgo Comunicacional si un grupo existente puede ser adaptado al propósito. Nuevamente, este sirve para mantener el proceso de manera tan sencilla como sea posible y evita la confusión y superposición de esfuerzos.

IDENTIFIQUE A UN PATROCINADOR EN LA ALTA DIRECCIÓN

La identificación de Temas Clave y de Respuestas, requiere la coordinación de actividades de diferentes funciones y departamentos dentro de la organización. También supone llegar al consenso sobre decisiones políticas en los niveles directivos más altos. Por estas razones, es muy útil contar con un Alto Ejecutivo como un patrocinador interno para la Gestión de Riesgo Comunicacional. Cuando falta el apoyo del CEO u otro jefe influyente, frecuentemente el proceso de Gestión de Riesgo Comunicacional pierde impulso.

En un mundo ideal, el Asesor de Comunicación de la organización tiene este nivel de poder e influencia. Pero puede ser necesario alcanzar a otro Ejecutivo Clave, como, por ejemplo, el jefe del Departamento Financiero o el Asesor Jurídico.

En las compañías que cotizan públicamente, estos departamentos —jurídicos y financieros— son de vital importancia para evaluar posiciones y respuestas comunicacionales. Ejemplo claro de esto es cuando se dan Ofertas Públicas de Adquisiciones (OPA) compulsivas o cuando se comunica públicamente pérdidas anuales.

Sobre este último punto, el caso de *Repsol* fue paradigmático, cuando su directivo en el año 2006 comunicó pérdidas y el retiro de capitales de Latinoamérica. Ocho puntos había bajado la cotización de los papeles de Repsol, que luego subieron cuatro puntos, aunque el daño estaba hecho[1].

Sin considerar a la persona individual dentro de la organización, él o ella necesitará estar convencido de los méritos la Gestión de Riesgo Comunicacional: cómo este proceso puede hacer su trabajo más fácil o facilitar el cumplimiento de las metas organizacionales propuestas. Por ejemplo, el Asesor Jurídico necesita saber en qué medida la identificación temprana de factores de riesgo comunicacional y su posterior abordaje, y resolución profesional, pueden ayudar a controlar la exposición de la organización en demandas judiciales o acciones regulatorias, entre otras.

LA GESTIÓN DE RIESGO COMUNICACIONAL COMO PARTE ESENCIAL DE LA ESTRATEGIA Y LA PLANIFICACIÓN COMUNICACIONAL

Hay varias estrategias que pueden ser usadas para lanzar el concepto de la Gestión de Riesgo Comunicacional a los Altos Ejecutivos de la Organización:

Dirigir un examen profundo y pormenorizado sobre una crisis reciente experimentada por la organización o uno de sus semejantes, y analizar cómo podría haber sido previsto el problema y manejado a través de una campaña de identificación de Temas Clave.

---

[1] Coppola, *Gustavo* (2006), "Siriana a la *española*", *en* Revista Dircom, Argentina.

Identificar el potencial de factores de riesgo estratégicos o de política pública y presentar una valoración de la vulnerabilidad de la organización en cada uno de ellos.

Analizar como punto de referencia los programas exitosos de Gestión de Riesgo Comunicacional de industrias semejantes o "los mejores alumnos" dentro todas las industrias, documentar los beneficios que esas Organizaciones experimentaron e informar las conclusiones a la Alta Dirección.

Anexo

CASO

Gestión del riesgo comunicacional.
"Desarrollo de la matriz de observación de datos".

CASO

Gestión del riesgo comunicacional.
"Desarrollo de la matriz de observación de datos".

1. DESCRIPCIÓN DE LA EMPRESA

Metrogas es una importante empresa de servicios públicos de la Argentina y la mayor en el sector de distribución de gas natural en América Latina, que tiene como misión distribuir gas natural entre sus clientes a través de una red de más de 16000 km.

El gas en la Argentina está vinculado al desarrollo urbano y a la calidad de vida. En el año 1910, con la fusión de las cuatro empresas que operaban en el área, nace la "Compañía Primitiva de Gas de Buenos Aires", constituida sobre la base de capitales de origen británico. A partir del año 1919, el gas avanza como fuente de calor para el hogar. Pero habrá que esperar hasta el año 1949 para que, luego de la construcción del primer gasoducto, comience la explotación comercial del gas con características de servicio público.

A lo largo de tres décadas, a partir de 1960, la industria del gas ha tenido un formidable desarrollo en la Argentina, lo que la ha llevado a ser el tercer consumidor en el mundo, si se pondera la incidencia del gas en la matriz de energía primaria.

En el año 1992, la Ley N° 24.076 dispuso la privatización de Gas del Estado y fijó el marco regulatorio para la actividad de transporte y distribución del gas natural.

El decreto N° 2.459/92 otorgó a Distribuidora de Gas Metropolitano SA —hoy Metrogas S.A.— la licencia para distribuir gas natural en la Capital Federal (actual Ciudad Autónoma de Buenos Aires) y once partidos ubicados al sur y este del río Matanza (Avellaneda, Lanús, Lomas de Zamora, Almirante Brown, Ezeiza, Esteban Echeverría, Pte. Perón, Quilmes, Berazategui, Florencio Varela y San Vicente).

Desde sus inicios, Metrogas tuvo como visión "ser activos participantes en el mercado energético a partir de un eficiente servicio de gas natural a nuestros clientes. En todo lo que hacemos, estamos comprometidos siempre con integridad, con la continua creación de valor para nuestros accionistas, la comunidad y los empleados".

El área de servicio, Metrogas abarca una superficie de 2.150 km2, con 2.000.000 de clientes y una población consumidora de aproximadamente 7.000.000 de habitantes, que representa alrededor del 19 % de todo el país.

La red de distribución tiene alrededor de 15.800 kilómetros lineales de cañerías.

Como la distribuidora de gas natural más importante de la Argentina, con una participación estimativa del 24 % del total del mercado, Metrogas tiene como objetivos: el de ser la empresa líder en la prestación de servicios públicos en el país, en términos de eficiencia, confiabilidad y atención al cliente; así como también, el de convertirse en el proveedor más innovador de servicios de gas natural y productos derivados.

En su trayectoria de servicios públicos, la Empresa logró resultados ampliamente satisfactorios en términos de eficiencia, confiabilidad y atención a sus clientes, lo que redundó en una alta calificación: Metrogas es la compañía con mejor imagen pública de todas las que prestan servicios esenciales en la Argentina, con más del 75% de imagen positiva entre sus clientes y entre los líderes de opinión.

2. NECESIDAD

La estructura y dinámica del negocio del combustible gas, junto con la realidad política-económica del país, llevó a la empresa Metrogas a tener que gestionar un entorno lleno de incertidumbres. El nuevo contexto ha generado constantes tensiones con la realidad empresarial, ya que los asuntos imprevistos emergen generando cambios e impactando en la posibilidad del hacer (la operatividad) de la empresa, obstaculizando la posibilidad de llevar a cabo la propuesta empresarial o la promesa de la marca.

Desde el comienzo de siglo XXI, los acontecimientos que se manifiestan en el devenir del mundo son caóticos, rápidos y generan una cantidad de interrogantes frente a los cuales el conocimiento y la experiencia no bastan para comprenderlos. Por otro lado, dichos acontecimientos son interdependientes, por lo que un evento es generador de muchos otros. Las instituciones, empresas y personas son permeables a decisiones tomadas en otros lugares, por otras personas. La dinámica de la interdependencia genera impactos inciertos, sobre los cuales poco podemos hacer.

En este contexto, si no se realizan metodologías y procesos que puedan ayudar a las organizaciones a anticiparse, el presente aparece lleno de cuestiones antes insignificantes, ahora urgentes, y son necesarias soluciones rápidas, sacrificando el desarrollo a largo plazo e instalando ilusorias soluciones. En un mundo que está en constante mutación, donde las fuerzas de cambio revolucionan los factores de inercia y los hábitos instalados, se impone a las empresas un esfuerzo creciente de acción prospectiva (tecnológica, económica y social) para dotarse de flexibilidad estratégica, es decir para reaccionar con flexibilidad manteniendo su rumbo.

Por otro lado, hay contadas excepciones donde mediante el seguimiento de algunos medios de información, de forma no sistemática, se pueda saber qué pasa, qué hay más allá de las noticias. La saturación de información que inunda todos los espacios, dada la gran cantidad de fuentes, como televisión, radio, teléfonos móviles, diarios, revistas, entre otros, y en especial Internet, con su facilidad de crear, subir, distribuir y comentar información; esto puso en evidencia la incapacidad de las organizaciones para gestionar esa información.

Dada las características mencionadas del mundo actual y considerando que el Gas, es un recurso escaso con gran demanda por parte de todos los sectores de la sociedad, por ser un combustible limpio, no contaminante y con gran capacidad energética, el área de Asuntos Públicos de Metrogas comenzó a diseñar una solución que le permitiera gestionar mejor las acciones comunicativas en torno al negocio.

Es allí donde la *Gestión de Riesgo Comunicacional*, como proceso que identifica temas, tendencias y actitudes del entorno que pueden afectar a la organización, aparece como una herramienta para generar respuestas a las necesidades de la compañía. En este sentido, de la necesidad del área de Asuntos Públicos de Metrogas junto a la consultora Coppola y Asociados, comenzó con el desarrollo de un sistema de Administración de Datos para gestionar la gran cantidad de informaciones que adquiere con el objetivo hacer operativa la información y que esta sea de utilidad al Plan de Comunicación anual.

3. EL PROGRAMA

La Gestión de Riesgo Comunicacional es el resultado de la participación institucional de una organización, un grupo o individuo en la sociedad al estar en interacción con diferentes actores sociales. Esta práctica atraviesa todas las áreas de la compañía y en este sentido da origen a la interacción entre la gestión comunicacional y *management*. Los Temas Clave pueden tener un impacto en la organización y los comunicadores, directores y CEOs deben poder pronosticarlos y desarrollar reacciones predeterminadas tales como planes de acción que preparen a la organización y mejoren la toma de decisiones.

Con este conjunto de herramientas para la gestión del capital reputacional, de marca y el incremento del valor de los intangibles de las compañías, el Director General de Metrogas y el área de Asuntos Públicos iniciaron un programa para asegurar el éxito de la estrategia de comunicación tendiente a cumplir los objetivos del negocio.

La ejecución de esta técnica abarcó solo una primera parte denominada observación o monitoreo de asuntos públicos.

Objetivos

Los objetivos del programa se establecieron en relación al plan de comunicación. Estos se orientaban hacia:

> ▸ El Diseño de una matriz operativa para la observación de datos claves que operaran sobre la información que ingresa a la compañía en función del plan de comunicación anual.

Públicos objetivos

El público se puede dividir en dos. El que usa la matriz y al que se orienta el uso de la matriz. El primero lo constituyó el área de Asuntos Públicos de Metrogas. El segundo es el mapa de público de la compañía.

4. EL PLAN

Para cumplimentar los objetivos planteados el trabajo se realizó en tres fases o etapas. La primera se orientó al análisis de la información que recibe la compañía por medio del sistema de *clipping* y los estudios de imagen, opinión pública, de identidad y estratégicos realizados con anterioridad por la empresa.

En una segunda instancia, con la información estudiada, se realizó el desarrollo de la matriz de observación de temas y un software de ayuda para la administración de datos.

La tercera instancia se orientó a operar la matriz, analizando los posibles factores de riesgo e integrándolos al plan de comunicación anual.

La primera fase se realizó bajo la metodología de análisis de contenido y no trajo mayores inconvenientes.

La segunda fase fue más compleja, ya que hubo que desarrollar variables e índices que permitieran segmentar pertinentemente los temas, de acuerdo al mercado específico en el que opera la compañía. Las variables e índices colaboran en la identificación de los temas y en el análisis de los posibles asuntos públicos aportando datos claves.

En la tercera fase fue puesta a prueba la matriz. Observando los temas y filtrándolos por la estructura matricial realizada, vinculando esos posibles problemas con el plan anual de comunicación y aportando acciones para su posible gestión.

Fase 1: Análisis de la información

- Monitoreo de temas a partir del *clipping*.
- Análisis de estudios realizado por la empresa con anterioridad.
- Análisis de planes de comunicación anteriores.

Fase 2: Matriz de observación de datos

- Desarrollo de la matriz de datos.
- Aplicación de la matriz al *clipping*.
- Aplicación de la matriz al Software de administración de factores de riesgo.

Fase 3: Ejecución

- Observación y análisis de Temas Clave por medio de la matriz.
- Aplicación de la Matriz al plan anual de comunicación.
- Desarrollo del plan de comunicación vinculado a los Temas Clave.

Impacto

En lo que va de la implementación el programa manifiesta metas en desarrollo como:

- Identificación de Temas Clave acorde con el área de negocios al que pertenece la compañía y al Área de Gestión.
- Realización preventivas acciones para la gestión de los Temas Clave.
- Una mejor utilización del *clipping* de noticias diarias.

El desarrollo de la matriz cambió el modo en que el área de Asuntos Públicos recibe información e interactúa con ella, con lo que seguramente las acciones que se desprendan reforzaran los cursos de acción iniciados.

Bibliografía

Coppola, Gustavo G.(2000). *El YK2 una acción de issues management*, Revista Dircom N3, Buenos Aires.

Coppola, Gustavo G.(2010). *Pandemia, del issues management a la gestión de crisis*, Revista Dircom N84,.

Coppola, Gustavo G. (4 y 5 de noviembre de 2004) *Comunicación de Crisis en Municipios e issues management*, ponencia presentada en el Seminario "El imperio de las audiencias" organizado por el Ministerio del Interior y el IFAM en Mar del Plata.

Drucker, Peter (1987). *Las Fronteras de la Administración*, Sudamericana, Buenos Aires.

Gracián, Baltasar (1993). *El arte de la prudencia*, Ediciones TH, Madrid.

Godet, Michel (1993). *De la Anticipación a la Acción*, Ed. Marcombo, Barcelona.

Hamel Gary. y Pralahad C.K. (15, 5-16. 1994). *"Strategy as a field: Why Search for a New paradigm"* Strategic Management Journal.

Helmer, Olaf (1983). *Looking Forward: A Guide To Futures Research*, Sage Publications, California.

Manucci, Marcelo (2006). *La estrategia de los cuatro círculos*, ed. Norma, Bogotá, Colombia.

Mintzberg, H.; Ahslstrand, B. y Lampel J. (1998). *Safari a la estrategia*, Granica, Barcelona.

Robirosa, Mario (1990). Turbulencia y Planificación Social, Buenos Aires, UNICEF-Siglo XXI.

Rey Lennon, Federico y Bartoli Piñero, Javier (2008). *Algunas Reflexiones sobre el management de la comunicación*, La Crujía, Buenos Aires.

Ritter, Miguel (2007). *"La complejidad de las organizaciones en un mundo globalizado"*, en Dircom, estratega de la complejidad, compilación de Joan Costa editado en España.

Ruiz Balza, Alejandro (1 y 2 de Febrero de 2000). *Prospectiva, Sociedad de Riesgo y Gestión Asociativa*, Ponencia presentada en el V Encuentro Iberoamericano de Prospectiva, realizado en La Habana, Cuba.

Ruiz Balza, Alejandro. *La Construcción del Futuro para la Gestión en la Complejidad*, Ponencia presentada en el Rencontre 1997 - MCX au Futurescope - Poitiers, lundi 9 et mardi 10 juin 1997 La décision en situation complexe - Dialectique du SAVOIR et du FAIRE.

Ruiz Balza, Alejandro (1995). *Sobre la Construcción del Futuro*, Revista Complejidad Nro. 1, Buenos Aires.

Pérez, Rafael y Massoni, Sandra (2009). *Hacia una teoría general de la estrategia*, Ariel, España.

Scheinsohn, Daniel (1997). *Más allá de la imagen corporativa*. Macchi, Buenos Aires.

Villafañe, Justo (1993). *Imagen Positiva. Gestión Estratégica de la Imagen de las Empresas*, Pirámide, Madrid.

www.ingramcontent.com/pod-product-compliance
Lightning Source LLC
Chambersburg PA
CBHW071522220526
45472CB00003B/1115